존 마샬
판단력 있는 아이

헬렌 A. 몬셀 글
시드 브라운 그림
오소희 옮김

차례

1. 리킹 크릭 ...9
2. 조지 워싱턴 ...23
3. 너무 비좁았다 ...31
4. 집안의 가장 ...40
5. 이사 가는 날 ...59
6. 정착 ...74
7. 스스로 다스리는 주민들 ...85
8. 그린웨이 코트 ...100
9. 라틴어 ...111
10. 시골에서 온 학생 ...122
11. 배 구경과 게 낚시 ...133

12. 생선 잔치 ...148

13. 아버지 놀이 ...156

14. 기나긴 하루 ...169

15. 대법관 마샬 ...177

    무슨 뜻일까요? ...184
    여러분, 기억하나요? ...185
    존 마샬이 살던 시절 ...186

1
리킹 크릭

　1759년 버지니아의 평지는 숲으로 덮여 있었다. 백인들이 서서히 그곳으로 모여들었다. 그들은 먼저 숲 속의 나무를 베어 들판으로 만들었다. 거기에 오두막을 짓고 옥수수를 심었다.

　리킹 크릭은 그렇게 만들어진 들판 하나를 가로질러 흐르는 개울이었다. 존 마샬이 오두막 문 앞에 서 있으면 개울물이 졸졸 흐르는 소리가 들렸다. 그러나 지금 존은 다른 생각에 빠져 있었다.

존은 문에 서서 두리번거렸다.

햇볕이 화창하게 내리쬐었다. 존은 어두컴컴한 오두막을 들여다보았다. 오늘 같은 날은 밖에 나가기 딱 좋은 날이었다. 물론 여동생들이 따라오지만 않는다면! 그러나 곧 다섯 살이 되는 소년은 마땅히 어머니를 도와드려야 된다는 사실을 알았다. 하지만 집안에서 어린 여동생들을 돌보자니 좋은 날씨가 너무 아까웠다.

그는 또다시 어깨너머로 집안을 바라보았다. 벳시는 큰 요람에서 거의 잠이 들려고 했다. 메리는 마룻바닥에서 기어 다니고 있었다. 그녀는 들어오는 햇살의 빛줄기를 손으로 잡으려고 했다. 지금이 빠져나갈 좋은 기회였다. 그는 조심해서 통나무로 만든 계단을 한 발짝 내려갔다.

"존!" 어머니가 불렀다. "얼른 와라! 메리가 불 속으로 기어들어가려고 하잖니!"

존이 급히 들어갔다. 메리가 손을 들어 샛노랗게 타오르는 불꽃을 잡으려고 할 때 그가 잽싸게 동생을 낚아챘다. 메리가 울음을 터트렸다.

"이것 봐!" 존이 말했다. 그는 메리에게 머리를 숙이고는 흔들기 시작했다. 메리는 숱이 많은 존의 검은색 머리칼을 잡고 큰 소리로 웃었다. 그녀가 좋아하는 놀이였다.

그러나 그 소리에 그만 벳시가 잠을 깼다. 벳시가 울기 시작했다. 어머니는 점심 식사로 옥수수빵 반죽을 젓고 있었기 때문에 아기를 안아 줄 수 없었다.

"존, 요람을 흔들어줘라. 그러면 다시 잠이 들지 모르니까."

존은 요람으로 갔다. 그는 큰 요람을 천천히 흔들었다. 벳시가 눈을 감았다. 그리고 거의 잠이 들려고 했다.

"존!" 어머니가 소리쳤다. "메리를 붙잡아! 문 밖으로 나가려고 해!"

존은 다시 메리를 붙잡았다. 그러자 벳시가 또 잠에서 깼다. 이제 두 소녀가 한꺼번에 울었다. 정신이 하나도 없었다!

드디어 여동생 둘이 다 잠들었다. 어머니가 그 둘을 요람에 함께 눕혔다. 이제야 존은 밖에 나갈 수 있게 되었다.

존은 문에 서서 두리번거렸다. '무엇부터 하고 놀까? 나무 말이 있다면 군인놀이를 할 텐데. 하지만 제이콥이 내 나무 말을 모두 가져다가 콩 줄기를 받쳐 놓았어.'

그렇다면 뭘 할 수 있을까? 오두막 뒤편 장작을 패는 곳에는 나무 조각이 많이 있었다.

'나무 막대기를 땅에 꽂아서 요새를 지어야겠다. 그리고 나무 조각을 가지고 인디언과 군인 놀이를 해야지.'

바로 그때 제이콥이 옥수수밭에서 왔다. 그는 마샬 집에서 일하는 흑인 하인이었다.

"미스 메리." 그가 어머니에게 말했다. "일을 다 마쳤어요. 그러니 이제 개울에 가서 낚시해도 될까요?"

"아, 엄마!" 존이 말했다. "저도 낚시하러 따라가면 어떨까요?"

어머니가 웃었다. "낚시하려면 꼼짝하지 않고 앉아 있어야 하는데, 그럴 수 있겠니? 차라리 바구니를 가져가라. 혹시 허클베리가 보이거든 따오렴."

그녀가 존에게 바구니를 주었다. 빽빽하게 엮은 바구니에는 허클베리가 빠져나갈 만한 작은 틈새도 없었다. 그는 제이콥과 함께 숲을 향해 떠났다.

인디언

숲에 들어가니 무엇인지는 알 수 없지만 바스락 거리는 소리가 들렸다. 토끼가 덤불 속을 뛰어가고 있거나 사슴일 수도 있다.

"혹시 인디언이 우리를 감시하고 있는 게 아닐까요?" 존이 초조하게 말했다. "우리를 습격하면 어떡하죠?"

"그럴 리가 있나." 제이콥이 자신 있게 말했다. "워싱턴 대령이 인디언이란 인디언은 모두 블루리지 산맥 너머로 쫓아버렸는걸. 이제 우리 정착민들은 안심해도 돼. 하지만 1755년 네가 태어나기 전까지는 정착민들이 무서워서 쩔쩔맸지."

"왜요?" 존이 물었다.

"네 아버지, 어머니, 내 아내 해나, 그리고 나, 이렇게 넷이 이곳으로 이사 온 직후였어. 우리가 막 오두막을 다 짓고 났을 때 프랑스 군인들이 이 지역 인디언들을 모두 모아서 습격하기 시작했어. 그들은 영국 정착민들을 샅 샅이 찾아서 모두 죽이고 머리 가죽을 벗겼어.

나는 무서워서 혼났어. 하지만 네 아버지가 걱정하지 말라고 하셨지. 조지 왕이 영국에서 브래덕 장군과 대부 대를 보냈다면서. 그들이 프랑스 사람들과 인디언들을 멀리 쫓아 보낼 거라고.

조지 워싱턴 대령은 브래덕 장군을 산 너머 지역으로 인도했어. 그 대령은 네 아버지의 절친한 친구였어."

"지금도 그래요." 존이 말했다.

"물론이지. 네 아버지는 워싱턴 대령과 함께 가고 싶었 지만, 아내를 여기 혼자 남겨둘 수가 없었어. 그래서 우 리는 이곳에서 옥수수 농사를 지으며 소식이 오기만을 기 다렸지. 마침내 어느 날 아침 내 아내가 옥수수밭을 가로 질러 달려왔어. '누가 말을 타고 오두막으로 왔어요.' 라 고 말하면서 말이야.

네 아버지와 난 호미를 내 던지고 서둘러 달려갔지. 오두막으로 가니까 네 어머니가 문간에 털썩 주저앉아 있었어. 그녀는 두 손으로 얼굴을 감싸고 있었어.

'브래덕 장군에게서 무슨 소식이 왔습니까?' 네 아버지가 물었어. '프랑스 사람들과 인디언들을 몰아냈습니까?'

'아니 몰아내지 못했습니다.' 그 남자가 말했어. '전투가 일어났는데 우리가 졌습니다. 브래덕 장군은 전사했어요. 부대원들도 거의 다 죽었고요. 이제 인디언들을 막아줄 사람이 아무도 없습니다. 그들이 언제 여기로 와서 우리의 머리 가죽을 벗겨갈지 모릅니다.'

'조지 워싱턴도 죽었습니까?' 네 아버지가 그 남자에게 물었어.

'그는 총알이 네 번이나 외투를 뚫고 지나갔지만, 상처도 입지 않았어요. 그가 아니었더라면 지금쯤 벌써 인디언들이 여기까지 왔을 것입니다. 브래덕 장군은 영국식으로 싸우려고 고집했어요. 그는 군인들을 들에다 일렬로 세웠지요. 인디언들은 싸우는 방식이 달라요. 그들은 숲과 덤불 속에 숨어서 싸워요. 영국 군인들은 용감했지만 누가 어디서 총을 쏘는지 알아볼 수가 없었어요. 영국 군인들은 모두 들판에 나와서 서 있었기 때문에 숨어 있

오두막으로 가니까 네 어머니가 문간에 털썩 주저앉아 있었어. 그녀는 두 손으로 얼굴을 감싸고 있었어.

던 인디언들이 그들을 모두 쏘아서 죽였어요.'"

존은 그 얘기를 전에도 들은 적이 있었다. "워싱턴 대령은 인디언들처럼 싸우는 방법을 알았어요." 그가 자랑스럽게 말했다. "그리고 자기 대원들을 나무 뒤에 숨어서 싸우게 했어요. 영국 군인들도 조금 구할 수 있었어요. 하지만 그의 대원들은 많지 않았기 때문에 결국 후퇴를 해야 했어요."

"맞아." 제이콥이 계속 말했다. "그래서 네 아버지에게 그 소식을 가지고 왔던 사람은 겁에 질려 있었어.

그 남자가 말했어. '인디언들은 이제 닥치는 대로 사람을 죽이고 있어요. 이미 산 너머에 사는 사람들 중에 아홉 가족이 모두 그렇게 죽었어요. 하지만 그들이 저와 제 가족은 못 죽입니다. 전 내일 아침 동쪽으로 떠날 거예요. 함께 갑시다. 여러 가족이 한데 뭉치면 그들이 우리를 함부로 건드리지 못할 겁니다.'

네 어머니는 그 남자가 말하는 동안 계속 손으로 얼굴을 감싸고 앉아 있었어. 이제 그녀가 얼굴을 들었어. '우리는 새로 지은 이 오두막을 떠나고 싶지 않아요.'

'살고 싶으면 달리 방법이 없습니다.' 그 남자가 말했어.

'생각해 보겠습니다.' 네 아버지가 그 남자에게 말했어.

'생각할 시간이 없습니다. 우리는 내일 아침 일찍 떠납니다. 함께 가고 싶으시다면 동이 틀 때 저 큰 떡갈나무로 오십시오.'

그가 말을 타고 떠났어.

'동쪽에 있는 우리 땅은 황폐해졌어요.' 네 어머니가 말했지. '타이드 워터 구역에는 부자들만 좋은 땅을 차지할 수 있어요. 거기에서는 여름에 항상 감기와 오한이 들었는데, 이곳에 오니 공기도 더 건강에 좋아요.'

'하지만 건강해서 뭐하겠어요. 우리 머리 가죽이 다 벗겨질 텐데.' 내 아내가 말했지.

'위험이 오래가지는 않을 거예요.' 네 아버지가 말했어. '조지 워싱턴이 살아 있으니까. 그가 군인들을 더 모아서 다시 와서 우리를 도와줄 거예요.'

'무슨 일이 난다 해도, 난 저녁 식사 준비를 해야겠어요.' 네 어머니가 말했어.

'하지만 결정을 해야 해요.' 네 아버지가 말했다. ' 제이콥과 내가 밭에 가서 호미질을 계속 할까요, 아니면 수레에 짐을 실을까요?'

'호미질을 계속 하세요. 우리는 남을 거예요.'

그리고 우리는 남아 있었어."

"그리고 워싱턴 대령이 다시 돌아왔어요." 존이 해피앤딩으로 얘기를 마감했다. "아버지 말대로 됐어요. 그가 군인을 더 모아서 프랑스 사람들과 인디언들을 산 너머로 쫓아 버렸어요. 워싱턴에 대해서 더 얘기해줘요." 존이 더 듣고 싶어 졸랐다.

낚시

제이콥은 더 얘기할 시간이 없었다. 그들은 리킹 크릭의 소용돌이 물살이 있는 곳으로 왔다. 소용돌이 아랫물은 잔잔했다.

"낚시하기에 딱 좋은 곳이야." 제이콥이 말했다.

그는 여린 나뭇가지 기다란 것을 하나 꺾어서 낚싯대로 삼았다. 해나가 그에게 낚싯줄을 뜨개질 해 준 것이 있었다. 그는 주머니에서 낚싯바늘을 꺼냈다.

"넌 가서 허클베리가 있나 찾아봐라. 내가 부르면 들리는 곳에 있어야 한다. 뱀 조심하고." 그가 존에게 말했다.

존은 개울에서 조금 떨어진 곳에서 허클베리 덤불을 발견했다. 그리고 그것을 따기 시작했다. 그리고 나서 나뭇가지 위에 앉아 있는 다람쥐를 관찰했다. 잠시 후 그는 또 베리를 땄다. 몇 개는 먹었다. 그리고 조금 더 땄다.

마침내 제이콥이 그를 불렀다. "물고기를 많이 잡았어. 자, 이제 집에 가자."

존이 개울로 돌아왔다. 제이콥은 물고기를 한 줄이나 낚았다. "이 정도면 저녁 식사로 충분하겠지?" 그가 말했다. "허클베리는 땄니?"

바구니는 반도 차지 않았다.

"내가 가서 조금 더 따올게." 제이콥이 말했다.

"저는 낚시를 할게요." 존이 말했다.

제이콥이 빙그레 웃었다. "좋아. 이제 네가 물고기를 잡아라." 그는 바구니를 들고 베리를 따러 갔다.

존은 낚시 놀이는 많이 했으나, 실제로 낚시하는 것은 이번이 처음이었다. 그는 강둑에 허리를 똑바로 펴고 앉았다. 날이 얼마나 더웠는지 숲 속에서도 더위가 느껴졌다. 숲 속에는 바람 한 점 불지 않았다. 점점 졸음이 왔다. 곧 꾸벅꾸벅 졸기 시작했다.

그때 낚싯대가 움찔했다.

"제이콥!" 그가 소리쳤다. "제이콥!"

제이콥이 허둥지둥 달려갔다. 혹시 존이 물속에 빠졌나? 아니면 곰이 뒤에서 접근했나? 하지만 곰도 아니었

그는 온 힘을 다해서 줄을 잡아당겼다.

고 물속에 빠진 것도 아니었다. 다만 존이 낚싯대에 끌려갈 것처럼 보였다.

"이리 내라!" 제이콥이 소리쳤다. "내가 잡아 줄 테니!"

"안 돼요!" 존이 숨을 헐떡이며 말했다. "내 물고기예요!"

그는 온 힘을 다해서 줄을 잡아당겼으나 물고기도 있는 힘을 다해 버텼다.

"그러다가 물고기가 달아나겠어!" 제이콥이 말했다.

"아니요!" 끙! 끙! "이것 봐요!" 존이 낚싯대를 휙! 잡아당기자 물고기가 끌려 올라왔다.

제이콥이 그것을 집어 들었다. "내가 타이드 워터를 떠난 이후에 이렇게 큰 물고기는 처음이야."

그는 그 물고기를 다른 물고기와 함께 줄에 엮었다. 그러자 다른 물고기들이 모두 작게 보였다.

"이제 집에 가요." 존이 말했다. "엄마에게 보여드릴 거예요."

그들이 집으로 가려고 할 때 존은 무언가 생각이 났다. "제이콥, 낚싯대는 어딨어요?"

"집에 가져가야 소용없어. 다음에 올 때 또 만들면 되니까."

"하지만 내가 그걸로 목마 놀이 하고 싶어요."

"좋아." 제이콥이 낚싯대를 집었다. "이제 집으로 가자. 그렇지 않으면 우리가 곰에게 잡혀먹힌 줄 아실 테니까."

2
조지 워싱턴

 존은 큰 물고기를 잡았다. 나무 말도 얻었다. 그러나 더 신 나는 일이 기다리고 있었다. 그는 제이콥과 집에 가려고 숲을 지나갔다. 몹시 덥고 숨 막히게 찌는 날이었다. 곧 그들은 빈터로 들어섰다.

집 가까이 갔을 때 제이콥은 무슨 소리를 듣고 갑자기 멈추었다. "누가 말을 타고 오고 있어."

"와, 신 난다. 아빠가 오시는 거예요! 아빠가 내가 잡은 물고기를 드시겠네."

"그럴까?" 제이콥이 말했다. "만일 아버지라면 다른 사람과 함께 오시나 보네. 말 두 마리가 오고 있으니 말야."

"아!" 존이 놀라서 멈추었다. 마샬 가족은 숲 속 아주 깊은 곳에 살았기 때문에 가족 외에 손님이라고는 거의 없었다. 그는 낯선 사람을 겁내지는 않았으나, 어쩐지 가까이 가기 망설여졌다. 그 손님이 누구인지 짐작도 할 수가 없었다.

이제 말을 타고 오던 두 사람이 나무 사이에서 나왔다. 그는 아버지가 아니었다. 어떤 사람이 하인과 함께 온 것이다. 그는 제이콥이 아는 사람이었다.

"아니, 이럴 수가!" 그가 소리쳤다. "조지 워싱턴 대령이 아니십니까?"

워싱턴 대령이 말을 멈추었다. "오, 제이콥 아닌가? 잘 지냈나? 그리고 이 소년은 분명 존 마샬이겠군."

"인사를 드려야지." 제이콥이 속삭였다.

존은 가만히 서 있기만 했다. 그는 수줍어서 허리가 뻣뻣하게 굳는 바람에, 어머니가 가르쳐주신 대로 허리를 굽혀 인사를 할 수가 없었다.

워싱턴 대령이 웃었다. "부끄러워서 그러는구나. 내 말

어떤 사람이 하인과 함께 온 것이다.

에 같이 타고 너희 집으로 갈까? 아버지는 집에 계시니?"
 존은 말을 함께 타고 싶었다. 그러나 아버지는 집에 안 계셨다. 만일 그가 고개를 끄덕하면, "네"라는 뜻이고, 워싱턴 대령은 아버지가 집에 계시다는 뜻으로 생각할 것이다. 만일 그가 고개를 흔들면, "아니요"라는 뜻이고, 대령은 그가 말을 타고 싶지 않다는 뜻으로 생각할 것이다. 하지만 고개를 끄덕하고 흔들고 동시에 둘 다 할 수는 없었다.

워싱턴 대령이 또 웃었다. "제이콥, 이 소년을 내 말에 태워주겠소? 함께 집에 가면서 친해지기로 하지."

제이콥은 존이 말에 타도록 도와주었다. 그는 워싱턴 대령 앞에 앉았다. 아버지는 항상 조지 워싱턴이 얼마나 말을 잘 타는지 얘기했었다. 지금 존은 그의 멋진 말을 함께 타고 있었다! 존은 몹시 자랑스러워 부끄러운 것도 다 잊어버렸다.

반가운 손님

어머니는 손님을 보자 놀라면서도 기뻐했다. 하지만 아버지가 집에 없는 것을 애석해 했다. "며칠 동안 돌아오지 않을 거예요. 페어펙스 경의 땅을 측량하러 갔어요." 그녀가 워싱턴 대령에게 말했다.

"그럼, 거기 가서 만나지요. 저도 페어펙스 경의 집으로 가는 길입니다."

"점심 식사를 하고 가세요." 어머니가 계속 권했다. 워

그는 큰 벽난로 옆에 있는 긴 의자에 앉았다.

싱턴 대령은 기쁘게 제안을 받아들였다. "동이 튼 이후 계속 말을 타고 왔어요. 잠시 쉬고 가면 좋지요."

그와 존이 말에서 내렸다.

"가서 해나를 불러오너라." 어머니가 존에게 말했다. "오는 길에 옥수수 몇 자루 따오라고 해."

워싱턴 대령은 오두막 안으로 들어왔다. 그는 큰 벽난로 옆에 있는 긴 의자에 앉았다. 어머니가 식사 준비를 하느라 바쁜 동안, 그는 얘기를 했다. 타이드 워터에 사는 사람들의 소식을 전해 주었다.

어린 두 아이들이 잠에서 깼다. 그들은 눈을 동그랗게 뜨고 대령을 쳐다보았다. 워싱턴 대령은 매우 키가 큰 사람이어서 긴 의자에 앉자 다리가 부엌 쪽으로 삐져나왔다. 어머니는 얘기하느라 식사 준비에 집중할 수가 없었다. 존은 어머니가 생선을 태우지 않을까 조바심이 났다.

어쩌면 워싱턴 대령도 조바심이 난 것 같다. 혹은 식사 준비 하는 동안 자기가 있으면 방해가 된다고 생각한 것 같다. 그것도 아니면 그는 오두막이 너무 덥다고 느꼈는지도 모른다. "식사 준비 하시는 동안 집 주변을 돌아봐도 될까요? 톰의 농장이 그동안 어떻게 변했는지 보고 싶습니다."

"그러세요." 어머니가 말했다. "존, 워싱턴 대령을 안내해 드려라."

존과 워싱턴 대령은 함께 걸어나갔다. 존은 그에게 옥수수밭을 보여주고, 숲 속에 있는 샘을 보여주고, 담배밭도 보여주었다. 마침내 어머니가 나왔다. 손에 뿔을 들고 있었다.

"식사가 준비됐어요!" 어머니가 뿔을 불기도 전에 존이 소리쳤다. "얼른 돌아가요!"

어머니는 집에 있는 재료를 가지고 최고의 요리를 만들었다. 그녀는 마지막 남은 옥수숫가루로 뜨겁고 바삭한 옥수수 케이크를 만들었다. 아주 특별한 요리였다. 구운 옥수수도 맛있었고, 허클베리도 맛있었다. 그 중에서도 제일 별미는 생선이었다.

어머니는 존이 잡은 물고기를 노릇노릇하게 구웠다. 그리고 워싱턴 대령에게 제일 큰 조각을 드렸다. 손님이었기 때문이다.

"그동안 맛보았던 생선 중 최고로군요." 그가 말했다. 존은 너무 기분이 좋아 하마터면 의자에서 떨어질 뻔 했다.

그는 낚싯대 말에 올라타고 마당을 돌아다녔다.

점심 식사 후 워싱턴 대령과 하인은 말을 타고 다시 숲 속으로 떠났다.

"나도 함께 갈 수 있다면 얼마나 좋을까?" 존이 말했다. "그러면 난 말을 이렇게 탈 테야!" 그는 낚싯대 말에 올라타고 마당을 돌아다녔다.

벳시도 말을 타고 싶어 하자, 존은 그녀도 함께 태웠다. "워싱턴 대령과 내가 이렇게 말을 타고 왔어. 따가닥! 따가닥!"

3
너무 비좁았다

 아기 톰이 태어나 메리가 자던 요람을 차지했다. 존은 기뻤다. 남자 동생이 태어나서 좋았다. 조금 있으면 톰이 자라서 큰 형과 함께 사냥을 가고 낚시를 갈 수 있게 될 것이다. 그때까지 존은 여동생들에게 남자아이들 놀이를 가르쳐주는 것으로 만족해야 했다.

어느 늦은 오후 그들은 황무지에 사는 인디언 놀이를 하고 있었다. 존은 머리에 칠면조 깃털을 꽂았다. "나는 힘센 추장 하프 킹이다." 그가 소리쳤다.

소녀들이 비명을 지르며 도망쳤다. 마침내 그는 벳시를 잡았다. 그리고 나자 이번에는 벳시가 깃털을 꽂고 추장이 될 차례였다.

그들은 시끄럽게 야단법석을 떨었지만, 숲은 너무 커서 아이들이 아주 조그맣게 보였다. 그들의 소리도 아주 작게 들렸다.

어머니가 문간에 나타났다. "저녁 먹을 시간이다!"

그들은 문간에 앉았다.

아버지가 집에 없었기 때문에 어머니는 식탁에 음식을 차리지 않았다. 그들은 문간에 앉았다. 그리고 어머니는 아이들에게 각각 옥수수죽 한 그릇과 우유 한 컵을 주었다.

해가 지기 시작했다. 공기는 차가웠다. 하늘 높이 외로운 별 한 개가 빛을 비추었다. 세상은 아주아주 크고, 마샬네 아이들은 아주아주 작게 보였다.

다음날은 비가 내렸다. 그들은 모두 집 안에 있어야 했다. 이제 그들은 자신들이 작게 느껴지지 않았다. 오두막이 너무 작게 느껴졌다. 마음 놓고 놀며 떠들기에는 너무 비좁았다.

아이들은 마룻바닥에서 놀기 시작했다. 제이콥이 장작을 한 아름 들고 들어왔다. "저리들 비켜라. 잘못하면 내가 너희 손을 밟을지도 모르니까."

그들은 한쪽 구석으로 가서 놀았다. 해나가 빗자루를 가지고 왔다. "저리들 비켜. 여기를 쓸어야 하니까."

그들은 눈 가리고 술래잡기 놀이를 했다. "그렇게 시끄럽게 굴지 마라. 톰이 깰지 모르니까."

이제 그들이 할 수 있는 것이 없었다.

오후 늦은 시간이 되자 비가 그쳤다. 아이들은 집에서 뛰쳐나갔다.

"개울물이 얼마나 불었는지 가보자!" 메리가 소리쳤다.

"닭들이 흠뻑 젖었는지 가서 보자." 벳시가 말했다.

존은 숲쪽을 쳐다 보았다. "저기 아빠가 오신다!"

그때부터 아이들은 무엇을 하고 놀지 생각할 필요가 없었다. 그들이 모두 달려가 아버지 주변을 에워싸자, 아버지는 말에서 내리기도 힘이 들었다. 존이 말을 데리고 마구간으로 갔다. 그는 제이콥이 안장 내리는 것을 도와주었다. 제이콥은 말의 털을 쓸어주었다. 존은 구유에 먹이를 채웠다. 그가 오두막으로 돌아오자 여동생들은 벌써 저녁을 먹고 잠자리에 들어 있었다.

어머니는 물레를 돌리고 있었다. "벽난로 앞에 네 저녁을 남겨 놓았다." 그녀가 말했다. "식지 말라고 거기에 뒀어."

새로운 계획

존은 옥수수 죽그릇과 우유 잔을 집었다. 그리고 의자에 앉아서 먹기 시작했다.

오두막 한쪽 구석에는 책상이 있었다. 아버지는 서류들을 거기에 보관했다. 아버지는 촛불을 들고 그 책상으로 갔다. 그리고 일을 시작했다. 작은 공책에 숫자를 더하기 시작했다.

"윙윙 이이잉······." 물레바퀴 돌아가는 소리가 들렸다.

"사사삭 사사삭······." 아버지의 펜 소리가 들렸다.

존은 아무 소리도 내지 않았다. 만일 소리를 내면 어머니가 잠자리에 보낼 것이다. 그는 불 가까이 앉았다. 그러자 곧 졸음이 왔다. 고개가 툭 툭 떨어지기 시작했다.

아버지가 펜을 내려놓으며 말했다. "이렇게 하면 되겠어요."

"좋아요!" 어머니가 말했다. 그 목소리는 "정말 좋아요"라는 뜻이었다.

존은 곧 정신이 또랑또랑해졌다. '무얼 하신다는 건가?' 그는 어리둥절했다.

"한가지 염려가 되는 건." 아버지가 말했다. "내가 가고 없는 동안 당신 혼자서 어떻게 꾸려가겠어요?"

"당신이 없는 동안 지금까지 해온 것처럼 하면 되죠."

"지금까지는 내가 그저 며칠씩만 떠나있었던 데다가,

제이콥이 힘든 일을 다 해주었잖아요. 하지만 이번에는 목재를 자르기 위해 제이콥을 데려가야 해요. 게다가 아주 오래 걸릴 거예요."

"걱정 마세요. 꾸려나갈 수 있어요." 어머니가 말했다. "당신이 없는 동안 존이 가장 노릇을 할 테니까요."

"그렇군요." 아버지가 말했다. "내가 이따금 집에 와서

존은 얼른 책상으로 갔다.

잘 지내고 있는지 확인할 수 있을 거예요."

존은 더 이상 견딜 수가 없었다. 그는 아이들이 어른들 대화에 끼어들면 안 된다는 것도 알고, 어른들이 물어볼 때만 대답해야 한다는 것도 알았다. 또 말을 하면 어머니가 자기를 잠자리에 보낼 것도 알았다. 그러나 궁금해서 견딜 수가 없었다. "어디로 가시는데요?" 그는 열기를 띠고 연달아 물었다. "언제요? 왜요?"

"와서 이걸 봐라." 아버지가 말했다.

존은 의자에서 벌떡 일어났다. 그는 너무 흥분해서 무릎에 올려놓았던 죽그릇을 까맣게 잊어버렸다. 죽그릇은 탁! 소리를 내며 바닥에 떨어졌고, 그 바람에 아기 톰이 잠에서 깼다.

존은 얼른 책상으로 갔다. 아버지는 작은 공책을 옆으로 밀어놓고, 종이를 꺼냈다. 거기에는 줄과 네모 칸이 가득 있었다. 존은 그것들이 무엇인지 알았다.

그는 왜 아버지가 그렇게 자주 집을 비우는지 알고 있었다. 페어팩스 경은 산너머에 땅을 소유하고 있었는데, 새 정착민이 오면 그에게서 땅을 사야 했다. 그러면 땅이 어디서 시작해서 어디서 끝나는지 알아야만 했다. 아버지는 측량사였다. 페어팩스 경은 아버지에게 새로 생기는 농장들을 측량해달라고 했다. 그러면 아버지는 그 땅의 크기를 지도로 그려주었다.

이 종이도 그런 지도였다. "페어팩스 경의 땅을 그린 지도군요." 존이 말했다.

아버지가 고개를 흔들었다. "지금은 리 씨의 농장이야. 하지만 다음 주부터는 토마스 마샬의 농장이 되지. 3백 에이커가 넘는 땅이야."

"오두막집도 큰가요?" 존이 물었다. "이 집보다 더 컸으면 좋겠어요."

"오두막집은 없어. 짓지도 않을 거고. 통나무가 아니라 톱질해서 만든 판재로 진짜 집을 지을 거야. 일층에는 요리하고 먹고 거실로 사용하는 방이 한 개 있고. 그 옆에는 엄마, 아빠, 아기가 자는 방이 있어. 이층에는 너희 남자아이들 방과 여자아이들 방이 있을 거다!"

방이 네 개나 된다니! "그러면 이 지역에서 제일 큰 집이 되겠네요!" 존이 말했다.

"그렇지 말라는 법도 없겠지?" 아버지가 말했다. "하지만 그런 집을 지으려면 시간이 오래 걸려. 우리를 도와줄

일꾼들도 필요하고. 먼저 숲에 있는 나무를 잘라야 해. 그 나무를 톱질해서 판재로 만들고 나서 그걸로 집을 짓는 거지. 그 후엔 해나와 제이콥이 살 오두막도 지어야 해. 자, 그러니, 아빠와 제이콥이 가서 그 일을 하는 동안 네가 어머니와 동생들을 책임질 수 있겠니?"

"물론이죠." 존이 말했다. "총만 주고 가세요. 곰이 얼씬하기만 하면 처치할게요. 그리고 사슴도 사냥하고요······."

아버지가 껄껄 웃었다. "그건 네가 걱정 안 해도 돼."

"이제 이 집안 남자들이 눈을 붙여야할 시간이 됐어요." 어머니가 단호하게 말했다.

존은 너무 흥분해서 잠이 오지 않았다. 마침내 그에게 아이디어가 떠올랐다. "우리 새 농장의 땅이 몇 에이커인지 세어봐야지. 하나, 둘······"

백을 세자 슬슬 잠이 왔다. "새 농장에 개울이 있을까?" 그가 생각했다. "백 일. 그런데 만일 곰이 나타나면······ 백 이······" 집안을 돌봐야 할 어린 가장은 마침내 잠이 들었다.

4
집안의 가장

아버지는 어두워지기 직전에 방앗간으로 갔다. 그리고 옥수수 가루 두 자루를 가지고 왔다. 그는 거의 2킬로그램이나 되는 칠면조를 잡아 왔다. 훈제실에는 햄이 있었다. 어머니가 돌보는 닭들은 달걀을 많이 낳았다. 소들은 우유를 풍성하게 내었다. 아버지가 없는 동안 마샬 가족이 굶을 염려는 없었다. 그들은 모두 문 앞에 서서 아버지를 전송했다. 제이콥도 아버지와 함께 갔다.

이제 존이 이 집안의 가장이다. "내가 제일 큰 고깃덩

어리를 먹어야지." 아침 식사 때에 그가 말했다. "그리고 제일 편한 자리에 앉아야지."

"안 돼!" 여동생들이 말했다.

"그럴 거야. 엄마는 항상 제일 좋은 것을 아빠에게 드리니까. 왜냐하면 아빠가 가장이시거든. 그렇죠, 엄마?"

돼지에게 먹이를 줬다.

"그래." 어머니가 대답했다.

"이제 내가 이 집의 가장이야. 그러니까 내가 제일 좋은 것을 가져야 해."

"불공평해." 여동생들이 계속 투덜댔다.

"어제 아버지가 일 끝내고 다 같이 식사할 때 누가 제일 배가 고팠지?" 어머니가 물었다.

"아빠요." 존과 여동생들이 대답했다.

"왜 그럴까?"

"아빠가 일을 제일 많이 하셨으니까요." 존이 말했다.

"밤이 되면 누가 제일 피곤하지?"

"아빠요."

"왜?"

"아빠가 제일 늦게까지 일하시니까요."

"왜 아빠는 제일 많이 일하고 제일 늦게까지 일하실까?"

"우리를 돌봐주셔야 하니까요."

"왜 아빠가 우리를 돌봐주시지?"

"왜냐하면, 아빠가 가장이니까요."

"바로 그거야." 어머니가 말했다. "만일 집안의 가장이 일을 제일 많이 한다면, 그에게 좋은 것을 주는 게 공평하지 않겠니?"

"네." 여동생들이 말했다.

그리고 어머니는 존을 쳐다보았다. "왜 가장이 제일 좋은 것을 받는지 정확하게 이해하겠니?"

어머니는 매우 진지했으나, 존은 장난스럽게 웃었다.

어머니가 훈계하실 때 절대로 그렇게 행동해서는 안 된다. 그러니 어머니가 크게 화를 내는 것도 무리가 아니었다.

"내 말이 뭐가 웃기니?" 그녀가 날카롭게 물었다.

"웃기지는 않아요. 하지만 재미있어요."

"뭐가 재밌어?"

"엄마는 늘 질문으로 우리를 깨닫게 만들어요. 그게 재밌어요."

어머니는 여전히 반쯤 화가 난 상태였다. 그러나 반쯤은 재미있어 했다. "내가 그걸 가르치려고 한 건 아니다만, 그걸 깨닫는 것도 괜찮아."

존은 어머니가 가르쳐 주려고 한 훈계를 잊지 않았다. 아침 내내 그는 열심히 일했다. 장작더미에서 장작을 날라서 벽난로 옆에 갖다 놓고, 샘에서 물을 길어왔다. 돼지에게 먹이를 주고, 벳시가 달걀 가져오는 것을 도와주고, 등에 톰을 태우고 마당을 기어 다녔다. 점심때가 되자 그는 배고프고 지쳤다.

어머니가 칠면조를 자르며 미소를 지었다. "제일 좋은 부분을 누구에게 줄까?" 그녀가 물었다.

"존!" 벳시와 메리가 함께 말했다. "이제 오빠가 이 집의 가장이에요."

발자국

존이 해야 할 일은 항상 많았으나, 그중에는 재미있는 일도 있었다.

"오늘 점심에는 생선을 먹자." 어느 날 아침 어머니가 말했다.

"네, 알겠습니다."

리킹 크릭은 오두막 뒤에 있는 숲 속에서 흐르는 개울이었다. 숲에서 나와 마샬 농장의 들판 가장자리를 흘러서 그다음 숲으로 들어갔다. 개울에서 낚시하는 것은 언제나 재미있었다.

"이런 발자국은 우리 것이 아니야."

오늘은 벳시가 존을 따라갔다. 그녀도 낚시를 좋아했다. 오늘은 물고기가 잘 걸렸다. 곧 그들은 물고기를 충분히 낚았다.

개울의 강둑을 따라 진흙탕이 있었다. 벳시와 존은 집으로 가다가 그들이 개울로 오늘 길에 남긴 발자국을 보았다.

"근데 이것 좀 봐." 벳시가 말했다. "이런 발자국은 우리 것이 아니야. 저건 작기는 해도 남자 발자국이야. 여기 또 하나 있다."

"제이콥이 집에 왔나 봐." 존이 말했다.

"제이콥 발자국은 저것보다 더 커."

"제이콥이 틀림없어. 아무도 여기 오는 사람이 없잖아. 만일 제이콥이 집에 왔으면 아빠도 오셨겠다. 얼른 가자, 벳시."

불안한 밤

집에 가니 아버지도 제이콥도 없었다. 존은 어머니에게 발자국 얘기를 했다. 어머니는 근심된 표정이었다. "발자국이 우리 집 근처까지 났니?"

"아니요. 발자국은 개울을 건너서 덤불 속으로 갔어요."

"걱정이구나." 어머니가 말했다. "그렇다면 도망친 노예일 것 같아. 저 산으로 가고 있을 거야."

"그 사람은 어디서 왔고, 왜 도망을 치는 걸까요?" 존이 물었다.

"누가 알겠니. 영국에는 몹시 가난한 사람들이 많아. 그들은 이 나라에 오고 싶지만, 뱃삯이나 음식값을 치를 돈이 없지. 그러면 배의 주인과 의논해서 무료로 배를 타고 오는데, 대신 이곳에 오면 4년 동안 일을 해주어야 해. 배의 선장은 이곳에 와서 노예를 원하는 사람에게 돈을 받고 그 사람을 넘겨주는 거야."

"공평하네요." 존이 말했다. "하지만 4년은 너무 긴 세월이에요."

"사람들도 그것을 깨닫게 돼. 그래서 어떤 사람들은 약속을 깨버리고 도망가는 거야."

"그 사람들이 우리 숲으로 오지는 말았으면 좋겠어요."

"그러게 말이다." 어머니가 말했다. "우리 숲 근처에 낯선 사람이 나타나지 말아야 할 텐데……."

"도망친 노예가 우리를 해치지는 않겠죠?" 메리가 초조하게 물었다.

"해칠 수도 있어. 우리가 치안관에게 알릴까 봐 겁이 나기 때문이야. 그러니 오늘은 숲 속에 가지 마라."

"우리 집 근처에는 오지 않겠죠?"

"그러지는 않겠지. 적어도 환한 대낮에는 말이다. 밤

벽난로 불은 약하게 탔으나, 그 위에 걸려 있는 총이 보일 정도의 불빛은 있었다.

이 되면 말이라도 훔쳐가려고 집 근처를 어슬렁거릴 수도 있어."

"그러면 허탕 칠 거예요." 존이 빙그레 웃으며 말했다. "아빠가 말 두 마리 다 가져가셨으니까요."

"닭이나 돼지를 훔쳐갈 수는 있지."

"무서워요." 메리가 말했다. "아빠가 오셨으면 좋겠어요."

존은 어머니도 같은 심정이 아닐까 하는 생각이 들었다. 아버지는 벽난로 위에 낡은 총을 걸어두고 가셨다.

"총이 잘 손질되어 있는지 확인해야겠어요." 존이 제안했다.

"그게 좋겠다." 어머니도 찬성했다.

그녀는 존에게 총을 건네주었다. 그는 항상 아버지가 하는 것처럼 총을 구석구석 세심하게 점검했다. 아버지와 어머니는 잠자기 전에 항상 문빗장을 걸었다.

벳시가 문빗장 줄을 당겼다. "이제 우린 안전해." 그녀가 말했다.

그러나 존은 벳시만큼 안심이 되지 않았다. '자지 않고 밤새 보초를 서야겠어.' 그가 결심했다

그러나 눈은 그의 마음과 반대로 움직였다. 잠을 자려고 하면, 눈은 완전히 말똥말똥하더니만, 이제 깨어 있으려고 하니 눈이 저절로 감겼다. 그는 마치 아버지가 그 방안에서 가족들을 돌봐주고 있다는 듯이 곧 곯아떨어졌다.

그러다가 그는 한밤중에 놀라서 잠을 깼다. 개가 짖었다. 어머니도 잠에서 일어났다. 그녀는 침대맡에 앉아서 귀를 기울였다.

"가서 총을 가져오너라." 그녀가 존에게 속삭였다.

벽난로 불은 약하게 탔으나, 그 위에 걸려 있는 총이 보일 정도의 불빛은 있었다. 그는 조심해서 총을 내렸다.

"제가 총을 가지고 나갈게요." 그가 어머니에게 속삭였다. "제가 쫓아버리겠어요."

"안 돼." 어머니가 낮은 목소리로 말했다. "들어봐."

두 사람 다 귀 기울여 들었다. 개가 짖기를 멈추었다. 집 근처에는 아무 발걸음소리도 들리지 않았다. 오직 길고 긴 침묵만이 흘렀다. 마침내 어머니가 안도의 한숨을 내쉬었다.

"이제 총을 제자리에 갖다 놔라." 그녀가 말했다. "못

된 짐승이 닭장에 들어가려고 한 것 같아. 뭔지는 모르지만 개 때문에 쫓겨 갔어. 이제 다시 잠을 자자."

다음 날 아침 존은 서둘러 닭장에 가 보았다. 닭장 문은 여전히 잠겨 있었다. 닭들도 모두 다 있었다. 돼지도 우리에 안전하게 있었다.

그러나 돼지우리 주변의 붉은 진흙 위에 지난번에 보았던 바로 그 발자국이 있었다!

학교 놀이

그 이후 이틀 동안 어머니는 가족들을 모두 오두막 근처에 붙어있으라고 했다. 존은 처음에 답답해서 어쩔 줄 몰랐다. 그러던 중 그에게 아이디어가 떠올랐다.

"얘들아." 그가 벳시와 메리에게 말했다. "아빠가 오시면 놀라게 해 드리자."

"좋아." 여동생들이 찬성했다. "그런데 어떻게 해?"

"우리 모두 읽기를 배우는 거야. 그러면 아빠가 굉장히 좋아하실 테니까."

"오빤 벌써 읽을 줄 알잖아." 메리가 말했다. "이미 오래전에 다 배웠잖아."

"난 쉬운 것은 읽을 수 있지만, 선반에 꽂혀 있는 아빠의 어려운 책들은 못 읽어. 아빠는 주변에 아이들이 없어서 학교를 시작할 수도 없고, 우리 아이들만 가르칠 선생님을 고용할 돈도 없고 해서 걱정하고 계셔."

어쩌면 엄마가 우리에게 가르쳐 주실 수 있어." 벳시가 말했다. "하지만 엄마는 항상 바빠서 시간이 없는 것 같아."

"나도 알아. 엄마가 우리 모두를 가르쳐주실 시간은 없을 거야. 하지만 엄마가 물레를 돌리는 동안엔 나에게 가르쳐주실 수 있어. 그러면 내가 벳시에게 가르쳐주고, 벳시가 메리에게 가르쳐주는 거야."

"얼른 가서 엄마에게 여쭤보자." 메리가 말했다.

그들은 어머니에게 가서 존이 제안한 계획을 얘기했다. 어머니는 진짜로 그렇게 할 수 있을지 확신이 없었다. "하룻밤 사이에 읽기를 배울 수는 없어." 어머니가 말했다. "꾸준히 하겠다고 약속하겠니?"

"네."

"그렇다면 내가 가르쳐 줄게."

존은 손을 아주 깨끗이 씻은 뒤에 아버지 책들이 꽂혀

있는 선반으로 갔다. 책은 단지 몇 권밖에 없었다. 그러나 아버지는 그 책들을 매우 아꼈다.

존은 밤색의 두꺼운 책을 집었다. 문장이 짤막했다. 단어도 긴 단어가 거의 없었다. 그는 그 책이 너무 쉬운 것이 아닐까 생각했다.

"인간론. 알렉산더 포프. 이게 무슨 책일까?"

"그건 아주 긴 시야." 어머니가 말했다. "어린 소년이 이해하기는 어려운 책이지. 하지만 한번 공부해 보자."

"'너 자신을 알고.'" 존이 읽기 시작했다. 나오는 단어가 어려웠다. 어머니가 도와주었다. 그다음은 문장 전체가 너무 어려웠다.

"'인류에 대해서 잘 알려면 인간을 알아야 한다.' 이게 무슨 뜻이에요?"

"'인간'은 '사람'이란 뜻이야." 어머니가 설명했다. "포프 씨는 사람에 대해서 공부를 해야 한다고 말하는 거야. 왜 사람이 이럴 때 저런 행동을 하는가 말이야."

"아, 그렇군요. 예를 들면 왜 해나가 어떨 때는 퉁명스럽다가, 또 어떨 때는 상냥한가 그런 것이군요."

어머니가 미소를 지었다. "이해력이 좋구나."

"하지만 왜 그런지를 알아서 뭐하죠?"

"만일 사람들을 이해하게 되면 그들과 더 잘 지낼 수 있지. 그들을 도와줄 수도 있고."

"맞아요. 만일 제가 왜 해나가 퉁명스러운지 알면, 그러지 않도록 도와줄 수 있을지도 몰라요. 만일 해나가 허리가 아파서 그랬다면, 제가 무거운 걸 들어주면 되잖아요. 혹은 제가 물 길어오는 것을 잊어버려서 그랬다면, 얼른 가서 물을 길어오면 되구요. 그뿐인가요? 제가 그렇게 해서 해나의 마음을 풀어주고 나면, 낚시 갈 때 간식을 싸달라고 마음 놓고 부탁할 수 있을 테죠."

어머니가 웃었다. 존도 껄껄 웃기 시작했다. 그는 항상 농담을 잘했다.

"어머니에 대해서도 공부를 해야겠어요. 그러면 지금 엄마에게 수영하러 가겠다고 여쭤봐도 좋을지 아닌지 알 수 있잖아요. 이 책은 도움이 많이 될 것 같아요. 조금 더 읽어요."

그들은 책을 더 읽을 시간이 없었다. 어머니가 해야 할 일이 있었기 때문이다. 그러나 그날 이후로 거의 매일 아침마다 어머니는 존의 읽기 공부를 도와주었다. 그러자 존은 벳시의 책을 가지고 새로운 내용을 가르쳐 주었다. 그리고 나면 벳시가 메리에게 알파벳을 가르쳐 주었다.

존이 제안한 계획은 성과가 있었으나 모두를 바쁘게 만들었다. 곧 그들은 진흙탕에서 보았던 발자국에 대해서 잊어버렸다.

그러던 어느 따뜻한 오후 여동생들이 문 앞에 계단에

메리가 자기 알파벳판을 가져왔다.

앉아서 공부하자고 말했다. 메리는 알파벳판을 쥐고 있었다. 그것은 작은 나무판에 종이가 한 장 붙어 있었다. 그 위에는 짐승 뿔을 얇게 저민 덮개를 붙여 놓았다. 종이에 때가 묻지 않게 하려는 것이었다. 그 종이애는 알파벳이 인쇄되어 있었다. 소문자, 그 밑에는 대문자, 그 밑에는 알파벳을 둘씩 붙여서 써 놓았고, 맨 밑에는 주기도문이 쓰여 있었다.

벳시는 손에 솔잎을 쥐고 있었다. 그것으로 글씨를 짚어가며 읽었다. "잘 봐. 'A'는 나무막대기 두 개를 기대어 놓고 그 사이에 걸터앉는 의자를 가로질러 놓았어. 만일 이 막대기 두 개를 똑바로 세우면 'H'가 되는 거야."

톰은 그들의 발치에서 놀고 있었다. 갑자기 그가 벳시의 치마를 잡아당겼다. "톰, 누나를 귀찮게 하지 마. 지금은 공부하니까." 벳시가 말했다.

그러나 그가 계속해서 벳시를 건드리자 벳시가 무슨 일인지 염려가 되었다. 톰은 통통한 손가락으로 숲 속을 가리켰다. 거기에는 남자 두 명이 말을 타고 오고 있었다.

소녀들이 벌떡 일어났다. "아빠!" 그들이 소리를 질렀다.

존은 샘에 물을 길으러 갔다가 그 소리를 듣고 달려왔다. 그가 발걸음을 옮길 때마다 물동이의 물이 밖으로 흘러넘쳤다. 어머니도 그 소리를 듣고 얼른 문간에 나왔다. 온 가족이 아버지와 제이콥을 둘러쌌다.

"이번에는 아주 오신 거예요?"

"집을 다 지었어요?"

"언제 이사 가요?"

모두 다 정신없이 바빴다. 어머니와 해나는 특별히 성대한 만찬을 차렸다. 존은 제이콥을 도와서 말을 마구간에 데리고 갔다. 아버지는 그동안 일어났던 일을 듣느라 바빴다. 그는 모두에게 새집에 관해서 말해주었다.

저녁 식사 후 어머니와 해나는 설거지를 했다. 아버지는 촛불을 켰다. 그리고 책상 서랍을 열었다.

메리가 자기 알파벳판을 가져왔다. 그리고 아버지 무릎 옆에 섰다. "아빠, 나 이제 읽을 수 있어요. A-b는 아브, A-c는 아쓰, A-d는 아드."

"아주 잘 읽는구나." 아버지가 말했다.

그러자 벳시가 자기 책을 폈다. "저도 읽을 수 있어요. 들어 보세요.

내 책과 내 마음
언제나 한마음

사무엘 귀염둥이
주님의 착한 아이

아버지는 점점 더 기뻐했다. "정말 대견하구나!"

그러자 존이 선반에서 밤색 책을 가져왔다. 그는 자기가 좋아하는 곳을 폈다. 그리고 분명한 발음으로 읽었다.

아버지의 눈에 미소가 서렸다. 존은 그럴 줄 알았다. 아버지는 존이 책을 내려놓을 때까지 듣고 있었다.

"아주 잘 읽었다, 존." 그가 말했다. "너희도 아주 잘했어. 어머니가 너희 모두 가르치느라 바쁘셨겠구나."

"어머니는 한 사람만 가르치셨어요." 벳시가 설명했다. "어머니가 존을 가르치고, 존이 저를 가르치고, 제가 메리를 가르쳤어요."

존이 빙그레 웃었다. "아빠가 지금 안 오셨더라면, 메리가 톰에게 읽기를 가르쳐줬을 거예요. 그러면 톰은 강아지를 가르치는 수밖에요."

5
이사 가는 날

 작은 오두막에 있던 가구는 모두 합해도 수레 하나면 충분했다. 그러고도 자리가 남아 아버지의 쟁기와 어머니의 닭을 닭장에 넣어 수레 뒤쪽 구석에 고정시켰다.

 아이들이 나와서 수레에 타기 전에, 아버지는 말들을 수레에 묶었다. 아이들이 모두 옷을 입자 어머니는 침대를 분해했다. 아버지와 제이콥이 그것을 날랐다. 그들은 식탁, 찬장, 의자, 벤치를 날랐다. 아버지의 책상도 날랐다.

마침내 오두막이 텅텅 비었다. 그것은 외롭고 쓸쓸해 보였다. 어머니가 마지막으로 집안을 둘러보았다. 아무 것도 빼놓은 것이 없었다. 그녀는 문을 닫았다. 그리고 수레에 올라 고삐를 잡았다.

소녀들과 톰은 어머니 옆에 앉았다. 아버지와 제이콥은 수레 옆에서 걸어갔다. 해나는 걷기도 했다가, 수레에 타서 어머니 대신 말고삐를 잡고 가기도 했다.

개들은 온 사방을 돌아다녔다. 수레 앞으로 뛰어가다가, 덤불 속에다가 코를 디밀고는 토끼를 뒤쫓았다. 다람쥐가 나타나면 숲 속으로 뛰어갔다. 존도 개들 못지 않게 여기저기 뛰어다녔다. 그는 자기가 가장 좋아했던 곳을 마지막으로 모두 보고 싶었다. 리킹 크릭아, 잘 있어! 작년에 그렇게 큰 블랙베리를 땄던 덤불도 잘 있어! 여동생들과 인디언 놀이를 할 때 숨었던 속이 빈 나무 둥치야, 잘 있어!

곧 수레는 존이 한 번도 가 본 적이 없는 곳으로 왔다. 이제 나무들이 모두 낯설게 보였다. 키가 크고 시커멓고 엄숙해 보였다. 길은 숲 속에 나 있는 오솔길이었다. 그 길이 얼마나 좁았던지 한 사람이 말을 타고 지나가기

존도 개들 못지 않게 여기저기 뛰어다녔다.

도 쉽지 않았다. 어머니는 조심해서 아주 천천히 운전해야 했다.

언덕에는 비가 와서 홈이 깊게 파여 있었다. 수레바퀴가 그 홈에 빠지자, 하마터면 뒤집어질 뻔했다. 때때로 아버지는 땅에 쓰러져 수레 앞을 가로막고 있는 나무를 도끼로 잘라 멀리 던져야 했다. 때때로 진흙탕의 구멍이 너무 깊어 말이 수레를 끌 수가 없었다. 그러면 아버지는 진흙탕을 돌아가기 위해서 그 옆에 있는 나무들을 잘라 내고 그리로 수레를 끌고 갔다.

길이 평평한 곳이라도 거기에는 돌과 나무 둥치가 많이 있었다. 수레가 얼마나 덜거덕거렸는지 그 위에 탄 아이들은 이가 덜덜덜 부딪혔다.

정오가 되자 어머니는 큰 떡갈나무 아래서 수레를 멈추었다. 말들은 쉬고 가족들은 점심을 먹었다. 어머니는 잠시 쉴 수 있어 다행이라고 생각했다.

존도 마찬가지였다. 다시 길을 떠날 때 존은 조용히 수레에 앉아서 갔다. 하지만 오랫동안 가만히 앉아 있을 수가 없었다. 그들은 이제 산에 아주 가까이 왔다. 언덕을 타고 경사를 내려가면, 그다음에 더 가파른 경사가 나오는 것 같았다. 말들은 수레를 끌고 언덕을 올라가느라 지쳐 있었다. 그러나 내려갈 때는 더 힘이 들었다. 아홉 살 난 소년까지 무게를 더 해서는 안 되겠다. 존은 수레에서 내려서 언덕을 걸어 내려갔다.

숲은 빽빽하고 후덥지근했다. 숲을 빠져나오자 햇볕이 강하게 내리쬐었다. 그러니 아이들이 지치고 짜증이 날 만도 했다.

"아직 다 안 왔어요?" 존이 물었다.

"다 왔느냐구? 까마귀처럼 날아가도 32킬로미터 거린데. 길을 따라가자니 두 배는 더 멀구나. 사흘 안에 도착하면 다행이야."

해가 질 무렵 그들은 탁 트인 초원에 도착했다. 작은 샛강이 근처에서 언덕을 따라 물을 튕기며 흘렀다. 졸졸졸 경쾌한 소리가 났다.

"여기서 밤을 나면 좋겠구나." 아버지가 말했다. "말이 먹을 풀도 있고, 물도 많고. 당신, 어떻게 생각해요?"

"이보다 더 좋을 수가 없죠." 어머니가 말했다. 그녀는 수레에서 내렸다. "침대를 만들어야 하니 나뭇가지를 모아 주시겠어요? 존은 가서 장작을 모아 오너라. 제이콥

모닥불 가에 모여서 저녁을 먹으니 참 재밌었다.

은 말을 돌봐주고. 해나는 저녁을 준비하고. 얘들아, 너희는 엄마가 수레에서 이불 내리는 걸 도와줄래?"

"엄마는 평생 캠핑하던 사람처럼 잘 아시네요." 존이 말했다. "어떻게 그렇게 잘 아세요?"

"아빠와 내가 결혼했을 때 타이드 워터에서 리킹 크릭까지 캠핑하며 갔다는 걸 잊어버렸니? 이번이 처음이 아니란다."

모닥불 가에 모여서 저녁을 먹으니 참 재밌었다. 해나

는 두둑한 햄 조각을 기름에 튀기고 옥수수빵을 재 속에 넣고 구웠다.

"내일은 출발하기 전에 사냥해야겠다." 아버지가 말했다. "사슴을 잡아야지. 그러면 새집에 가서 자리 잡는 동안 먹을 게 충분할 테니까."

저녁 식사 후 그들은 잠시 모닥불 가에 둘러앉았다. 모두 피곤하고 잠이 왔다. 어머니는 아버지가 잘라 온 소나무 가지 위에 담요를 폈다. 그러자 향기로운 침대가 만들어졌다.

존은 난생처음 야외에서 잠을 자는 것이라 마음이 설레었다. 아버지는 측량하러 집을 떠나면 이렇게 야영을 했다. 워싱턴 대령이 산너머 프랑스 요새를 공격하러 갈 때도 이렇게 야영을 했다.

존은 하늘의 별을 바라보았다. 아, 정말 반짝거린다! 별들은 아주 가까이 있는 것 같았다! 손을 뻗으면 닿을 것만 같았다. 그러나 잠이 와서 그럴 수가 없었다.

한밤중에 개들이 짖는 소리가 들렸다. '개들이 도망친 노예를 봤을 때도 바로 저렇게 짖었어.' 그는 잠결에 생각했다. '하지만 그 노예는 이제 산너머 아주 멀리 있을

텐데. 게다가 아빠가 계시니까 걱정할 것 없어.'

그는 몸을 뒤집은 뒤 다시 잠에 빠졌다.

아침 식사로 생선을

갑자기 해가 눈부시게 빛났다. 어머니가 불렀다. "일어나라! 늦잠꾸러기들. 모두 다 일어나. 존, 아침 식사로 먹을 물고기를 잡아다 줄래? 아빠는 벌써 사냥 나가셨다."

존은 수레에서 낚싯바늘과 낚싯줄을 꺼냈다. 땅을 파서 벌레도 잡았다. 그리고 개울로 갔다. 그리고 곧 물고기를 한 아름 잡았다.

개울 건너편에 감나무가 보였다. '땅에 떨어진 감이 없을까?' 그가 생각했다.

개울은 아주 좁았다. 그는 몇 발짝 뒤로 가서 전속력으로 달리다가 개울 위를 껑충 건너뛰었다. 개울 건너편 축축한 진흙탕에 발이 깊이 빠졌다. 그는 강둑으로 기어 올라가려다가 멈췄다.

진흙탕에는 자기 발자국 말고 또 다른 발자국이 있었다! 그것은 돼지우리 앞에서 보았던 바로 그 발자국이었다. 그는 무릎을 꿇고 앉아서 자세히 관찰했다. 의심의 여지가 없었다. 그 도망친 노예가 아직도 이 숲 속에 숨어 있구나!

'어떡하지?' 존이 생각했다. '그가 분명히 우리를 봤을 거야. 어쩌면 아빠가 떠난 것을 봤을지도 몰라. 이제 그가 우리 캠프 근처에 몰래 들어와서 말을 훔쳐가려고 할 텐데…….'

'하지만 이 발자국은 너무 작아! 어쩌면 그는 도망친 소년인지도 몰라. 어쩌면 우리가 무서워서 온 힘을 다해 숲 속으로 도망을 친 거야. 엄마에게 말씀드리기 전에 그가 어디로 도망쳤는지 먼저 확인을 해야겠어. 괜히 쓸데없이 엄마에게 걱정을 끼쳐드릴 필요는 없으니까.'

아버지에게 숲 속에서 동물의 발자취를 따라가는 법을 배운 적이 있었다. 이 발자국들은 너무 선명해서 따라가는데 조금도 어렵지 않았다. 그것은 언덕을 올라 강둑을 따라 빽빽한 덤불이 있는 곳까지 왔다. 덤불 뒤에는 바위가 모여 있었다. 거기에는 보나 마나 동굴이 있을 것이다.

'저 동굴 속에 숨어 있나 봐.' 존이 생각했다. '발자국이 진짜 저 동굴로 간 걸까? 아니면 계속 개울을 따라 올라간 걸까?' 그가 더 자세히 관찰하려고 무릎을 꿇었다.

갑자기 으르렁 소리가 들렸다. 그가 고개를 들었다. 바로 앞에는 큰 곰이 있었다! 존은 너무 놀라서 뒤로 자빠질 뻔했다.

그 곰이 또 으르렁거렸다. 존이 일어섰다. 그는 뒤로 물러서기 시작했다. 곰이 더 무섭게 으르렁거리며 앞으로 나왔다. 존은 항상 곰이 배가 고프거나, 몹시 화가 나거나, 그렇지 않으면 새끼를 보호할 때가 아니면 사람을 공격하지 않는다고 들었다. 그가 보니 이 곰은 그 세 가지에 다 해당되는 것 같았다. 아, 지금 총이 있었더라면! 그러나 총이 없었다. 그의 손에는 물고기를 꿴 줄밖에 없었다. 그때 좋은 생각이 떠올랐다.

그는 팔을 들어 온 힘을 다해 곰에게 물고기를 던졌다. 코앞에 생선 메뉴가 뚝 떨어진다면 어느 곰이라도 깜짝 놀랄 것이다. 그 곰의 으르렁 소리가 쿵쿵 소리로 변했다. 그것은 생선이 떨어진 곳에 코를 박았다. 존은 전속력을 다해 개울을 따라 달려서 캠프로 돌아갔다.

아버지가 막 반대 방향에서 오고 계셨다. 그의 손에는

그는 뒤로 물러서기 시작했다.

다람쥐 두 마리뿐 사슴은 안 보였다. "숲 속에서 세 시간이나 헤맸지만, 이것밖에 없어요." 그가 총을 내려놓으며 어머니에게 말했다.

"저기 존이 오네요." 어머니가 말했다. "혹 존이 음식을 충분히 가져올지도 모르죠. 아니, 어쩐 일이니? 물고기는?"

"곰이 가져갔어요." 존이 숨을 헐떡였다.

"곰이라고?" 아버지가 총을 잡았다. "어디? 곰 고기는 언제 먹어도 사슴 고기 못지 않아."

존은 아버지를 이끌고 개울을 따라 올라갔다. 그들은 개울을 건너서 이윽고 덤불에 이르렀다. 곰은 아직도 거기 있었다. 그것은 방금 존의 물고기를 먹어 치우고는 마른 가랑잎 속에 코를 박고 혹시 물고기가 더 없는지 찾고 있었다.

조금 전에 존을 놀라게 한 곰은 이제 자기가 놀랄 차례였다. 나뭇가지가 부러지는 소리를 들은 곰이 돌아다 보았다. 그리고 아버지와 아들 중 어느 쪽을 공격할지 몰라 우물쭈물했다. 그러는 새 아버지가 총을 조준했다. 탕! 커다란 곰이 비틀거리더니 땅에 쓰러졌다.

존은 너무 신이 나서 모자를 벗어 공중에 날리고 싶었다. 아버지는 웃기만 했다. 그는 전에도 곰을 죽인 적이 있었다.

"그런데 왜 이렇게 높은 곳까지 왔었니?" 그가 물었다. "캠프 근처에도 물고기가 많이 있었을 텐데."

존은 너무 긴장해서 도망친 노예에 대해서 완전히 잊고

있었다. 이제 그가 보니 개울 가장자리에는 그 발자국이 여전히 선명하게 남아 있었다.

"아빠가 안 계신 동안 우리 돼지를 훔쳐가려던 사람의 발자국을 좇아가고 있었어요."

"그 도망친 노예 말이냐? 그가 이 근처에 있을 리는 없어. 말이 없어 걸어간다고 해도 지금쯤이면 벌써 저 산 너머로 가버렸을 거다."

"하지만 그는 지금 여기 있어요. 우리 근처에요. 여기 그의 발자국 보세요." 아버지는 곰을 그곳에 두고 일단 발자국을 보러 갔다. "돼지우리 앞에 있던 발자국이 이거냐?" 그가 물었다.

"바로 이거예요."

아버지가 웃었다. "그렇다면 도망친 노예는 없었구나. 이건 사람 발자국이 아니야. 곰 발자국이지."

"아!" 존이 말했다. 그는 곰의 발자국 뒤를 따라가면서도 전혀 몰랐다! 생각해보니 무서워서 등골이 오싹했다. 그러나 한편 좀 바보같이 느껴지기도 했다. 그가 빙긋이 웃었다. "벳시가 나를 놀리지는 못할 거예요." 그가 말했다. "벳시도 이게 사람 발자국이라고 생각했거든요."

"어른들도 그렇게 생각하는 경우가 많아." 아버지가 말했다. "하지만 사람 발자국치고는 너무 작지. 게다가 자세히 보면 발톱 자국이 있단다."

존이 무릎을 꿇고 들여다보았다. 그렇다. 이번에는 거기에 난 발톱 자국이 선명하게 보였다.

아버지는 다시 곰에게로 갔다. "가서 제이콥을 불러오너라." 그가 말했다. "칼을 가져오라고 해. 제이콥과 둘이 곰 껍질을 벗겨야겠다. 오늘 밤 곰고기도 먹고, 어머니가 새집에 깔아놓을 곰 가죽 카펫도 만들고."

곰 껍질을 벗기는 일은 오래 걸렸다. 그래서 마샬 가족

일층과 이층이 있었다.

은 그날은 많이 가지 못했다. 아이들은 상관없었다. 그들은 이제 덜커덩거리는 길에 익숙해졌다. 그리고 두 번째날 밤에는 숲 속에서 자는 것을 좋아했다.

세 번째 날 그들은 오후 늦게까지 여행을 하여 작은 계곡에 도착했다. 사방에 산이 둘러져 있었다.

"이건 높은 산이 아니에요. 아주 작은 산이에요." 메리가 외쳤다.

"저쪽에는 개울이 있어요." 벳시도 외쳤다. "리킹 크릭보다 더 크게 노래해요. 그리고 더 빨리 흘러요. 꼭 집에 온 것 같아요."

어머니는 개울이나 산을 보지 않았다. 개울에서 조금 떨어진 자그마한 둔덕에 집이 서 있었다. 통나무 집이 아니었다. 판재로 지은 집이었다. 일층과 이층이 있었다.

"집이 마음에 들어요?" 아버지가 어머니에게 물었다. 그리고 아이들에게 말했다. "수레에서 내려와라. 이제 집에 다 왔다."

6
정착

방이 네 개 있는 그 집은 몹시 커 보였다. 이층 방 두 개 중 한 개는 여자아이들 방이었고, 또 한 개는 남자아이들 방이었다. 그날 밤 존은 남자아이들 방에서 혼자 잤다. 처음에는 그 방이 편치 않았다. 여동생들이 잠들기 전에 웃으며 소곤거리는 소리가 다 들렸다. 그럴 때면 존은 외로웠다.

그러다 아기 제임스가 태어나자 매우 기뻤다. 가장 어린 아기가 요람에서 자게 된다. 그건 다시 말해 톰이 이층으로 와서 존과 함께 방을 쓰게 되는 것이다.

그 이후 존은 천정이 비스듬하게 기울어진 그 작은 방을 좋아하게 되었다. 작은 창문으로 하늘의 큰 별을 볼 수 있었고, 밤이면 숲에서 들리는 소리가 좋았다.

얼마 가지 않아 그는 리킹 크릭의 숲만큼 새로 이사 온 숲을 잘 알게 되었다. 물고기를 가장 잘 낚을 수 있는 곳도 발견했다. 아버지가 그에게 총을 주자, 그는 어머니를 위해 다람쥐와 토끼를 잡아 왔다.

종종 그는 몇 주일 동안이나 집안의 가장이 되곤 했다. 그럴 때면 여동생들은 "존이 아빠 놀이 한다"고 말했다.

아버지는 이제 아주 바쁜 사람이 되었다. 인디언들을 무서워할 필요가 없고, 땅이 비옥했기 때문에 새 정착민들이 속속들이 그 지역으로 이주해왔다.

버지니아 식민지 주지사는 영국에서 새로 파견된 사람이었다. 그러나 버지니아의 법은 주민들이 직접 뽑은 사람들이 정한 법이었다. 그 사람들을 "의원"이라고 불렀다. 그들은 윌리엄스버그의 입법부에서 회의를 했다. 새로 생긴 포콰이어 구역에서는 존의 아버지를 의원으로 뽑았다.

윌리엄스버그까지는 아주 멀었다. 물론 아버지는 말을

타고 가기 때문에 빨리 갈 수 있었지만 그렇다 해도 사나흘이 걸렸다.

아버지는 윌리엄스버그를 향해 출발했다. 존은 아버지가 몹시 자랑스러웠다. 아버지는 어머니가 만들어준 새 양복을 입고 그 위에 새로 만든 사슴 가죽 셔츠를 입고 라쿤(북미 너구리) 모자를 썼다. 긴 머리는 머리 뒤로 단정하게 묶었다. 존은 아버지가 멋있다고 생각했다.

아버지가 웃었다. "타이드 워터 구역에서 온 신사들을 못 봐서 그렇지. 그들은 공단 바지에 은 버클을 달고 있어. 셔츠에는 레이스가 달려있고. 어떤 이들은 가발을 쓰고, 어떤 이들은 머리카락을 하얗게 회칠하지. 난 있는 그대로 보이겠어. 시골에서 온 평범한 농부. 그 이상은 아니니까."

"저는 타이드 워터의 큰 농장주보다는 차라리 시골 농부가 되겠어요." 메리가 말했다.

아버지가 안 계실 때는 할 일이 많았다. 존은 어머니가 아무것도 하지 않고 느긋하게 앉아 있는 모습을 본 적이 없었다. 어머니도 자녀들이 하는 일 없이 가만히 있도록 내버려 두지 않았다.

제이콥은 숲에 가서 나무를 잘랐다. 그것을 마당으로 가져와 잘게 패서 벽난로에서 쓸 장작으로 만들었다. 존은 장작들을 가지런히 쌓고, 어머니가 필요할 때 그것을 집으로 날라와야 했다.

　어느 날 아침 존은 열심히 장작더미를 쌓고 있었다. 해는 밝게 빛났다. 일하기에는 너무도 아름다운 날이었다. 숲에 가기 딱 좋은 날이었다.

　톰은 문간에서 놀고 있었다. 문 앞의 계단이 그의 수레였다. 그는 산을 향해 수레를 타고 가고 있었다.

　톰은 어리기 때문에 온종일 놀 수 있었다. '나는 큰아들이라 계속 일해야 하는데…….' 존이 생각했다. '정말 불공평해.'

　바로 그때 어머니가 닭장에서 오고 있었다. 그러다 장작 패는 곳에서 멈추었다. "장작을 다 쌓고 나면 낚시를 가도 좋아."

　"신 난다! 여동생들 데리고 가도 돼요?"

　"아니. 동생들은 집에서 할 일이 있어."

　어머니는 집으로 갔다. 존은 톰을 쳐다보았다. 모두 다 바쁘다. 톰도 일을 시켜야겠다.

"톰, 와서 나 대신 이 장작을 쌓아 줘. 무거운 것은 그냥 두고. 내가 돌아와서 할 테니까. 그리고 다 쌓고 나면 바구니에 나무 부스러기를 모아서 집으로 가져가."

불공평하다

숲 속은 그가 기대했던 것처럼 아름다웠다. 물고기가 한 마리도 안 잡혀도 상관없다. 그는 개울의 강둑에 드러누워 있었다. 모자로 눈을 가리고 산들바람 소리를 들었다. 개울이 졸졸 흐르는 소리도 들렸다. 오랜만에 누려 보는 좋은 시간이다.

그날 오후 존이 어머니에게 가져온 물고기는 볼품이 없었다. 어머니도 이해했다. 물고기가 전혀 낚이지 않을 때도 있기 때문이다.

"그럼 이제 바구니에 나무 부스러기를 담아다 주겠니? 하나도 없거든."

존은 화가 났다. "나가기 전에 톰에게 하라고 시켰는데요."

"하지만 톰은 아직 어리잖니. 잊어버렸겠지."

존은 바구니를 집었다. 그리고 급히 장작 쌓아놓은 곳

으로 갔다. 그가 떠난 이후로 한 조각도 새로 쌓인 것이 없었다. 이제 그는 대단히 화가 났다. "톰!" 그가 불렀다. "톰!"

톰이 집 모퉁이를 돌아 나왔다. 그는 팔에 강아지를 한 마리 안고 있었다.

"이 장작 쌓아놓으라고 내가 말 안 했어?"

톰이 고개를 끄덕였다. "근데 내가 안 했어."

"왜 안 했어?" 존은 화가 났어도, 그가 오래전에 배운

"이 장작 쌓아놓으라고 내가 말 안 했어?"

교훈을 잊지 않았다. "진실을 다 들을 때까지 질문을 계속해라."

"공평하지 않으니까. 형은 숲에 가서 아침 내내 놀잖아. 형이 제일 큰아들이니까. 어머니는 나를 숲 속에 가지도 못하게 하는데. 그런데 형이 숲 속에 가면서 나한테 일을 시켜서 안 했어!"

존은 할 말을 잃었다. 그날 아침 자기 자신이 바로 그렇게 느끼지 않았던가? 톰이 노는 동안 자기는 일을 하는 것이 불공평하다고! 그는 생각에 잠겼다. 어쩌면 모두 다 그렇게 느끼는지도 모르겠다. 어쩌면 어머니는 아버지가 윌리엄스버그에 가 있는 동안 집에 남아서 일을 해야 하는 것을 불공평하게 느낄 것이다. 또 아버지는 타이드 워터의 부유한 플랜테이션 농장주들이 노예들에게 일을 시키는데 비해, 본인은 농장에서 힘들게 일을 해야 하는 것이 불공평하게 느껴질 것이다.

"내가 무슨 생각을 한 거야!" 존이 말했다. "결국은 모두 똑같잖아!" 그는 알렉산더 포프의 시에서 읽은 구절을 기억했다. "인류에 대해서 잘 알려면 인간을 알아야 한다."

"아무래도 공부를 더 해야겠어."

톰은 존이 무슨 말을 하는지 몰랐다. 그러나 존이 더 이상 화가 난 얼굴이 아니란 걸 알았다. 존은 늘 그렇듯 순하게 미소를 지었다. 톰도 미소를 지었다.

"자, 이 장작을 함께 쌓자." 존이 말했다.

그는 활기차게 일했다. 즉시 톰도 일을 거들었다.

"흠……" 존이 혼자서 말했다. "톰이 나 대신 일을 하지는 않지만, 나와 함께는 일하는구나. 그걸 기억해야겠어."

소를 데리러 갈 시간이 되었다. 그것은 존이 좋아하는 일이었다. 다시 숲 속에 갈 기회가 되기 때문이다. 그는 개를 불러 개울을 향해서 떠났다. 톰은 또다시 문 앞 계단에서 말놀이를 했다.

존이 멈추었다. 그는 그 어린아이가 함께 가면 거추장스럽다는 걸 알았다. 제대로 따라오지도 못할 것이다. 만일 소가 옆길로 새버렸다면 다시 찾아오기도 전에 지쳐버릴 것이다. 하지만 존은 그가 얼마나 숲에 가고 싶어하는지 알았다. 그리고 자기 자신이 밖에 나가지 못하고 집에만 있어야 했던 때를 기억했다.

"톰!" 그가 불렀다. "같이 갈래?"

어린 동생이 벌떡 일어났다. 통통한 볼이 미소로 옴폭옴폭 패였다. 그는 졸래졸래 존을 따라왔다. 그리고 형의 발걸음을 따라가기 위해 최선을 다했다. 구즈크릭까지 오자 존은 동생을 등에 업고 물을 건넜다. 이제 숲 속에 들어왔다.

"소들이 멀리, 멀리 갔으면 좋겠다." 톰이 말했다. "그래서 찾고 또 찾고 했으면 좋겠다."

그러나 거의 즉시 소 방울 소리가 가까이서 들렸다.

"블랙베리 덤불 너머에 있는 들판에 있어." 존이 말했다. "여기서 기다려. 내가 소들을 몰고 올게. 길 잃어버리면 안 돼. 만일 그러면 다시는 엄마가 널 데려오지 못하게 하실 거야."

그는 개에게 휘파람을 불었다. 그리고 개와 함께 소를 데리러 갔다. 소들은 좋은 풀을 발견한 바람에, 집에 가려고 하지 않았다. 존이 소들을 몰아서 집 쪽으로 방향을 트는 데는 제법 시간이 걸렸다.

마침내 그가 소들을 뒤에 몰고 왔다. 그가 톰을 남겨둔 지점까지 왔으나 톰이 안 보였다.

존은 몹시 화가 났다. '바로 여기에 있으라고 했는데!'

"톰!" 그가 외쳤다.

"나 여기 있어!" 자그마한 소리가 들렸다. "그런데 빠져나갈 수가 없어!"

존이 쳐다보았다. 소를 데리고 가던 오솔길에서 멀지 않은 곳에 가시덤불이 있었다. 톰은 그 덤불 사이를 헤치고 가려고 했었다. 그러다가 옷이 가시에 걸렸던 것이다.

"토끼가 여기를 달려서 내가 잡으려고 했어. 이 덤불을 반쯤 지나가다가 옷이 걸렸어. 가시에 긁혔지만 난 안 울었어."

"잘했어!" 존이 말했다.

그는 가시덤불 가지들을 부러뜨렸다. 어떤 가시는 3센티나 되었다. 존도 심하게 긁혔다. 마침내 톰이 몸을 꼼지락거려서 빠져나왔다.

"다시는 이 가시덤불 꼴도 보기 싫어!"

"그럴까?" 존이 말했다. "오늘 아침에 엄마가 집 주변에 가시덤불이 있었으면 좋겠다고 하셨어. 소를 집에다 데려다 놓고, 모종삽을 가지고 다시 오자. 이 덤불 하나를 파서 마당 끝에 심어놓자. 계속 살지는 모르지만, 한

번 시험해 보는 거야."

어머니는 가시덤불을 보고 좋아했다. 여동생들도 좋아했다.

"아버지가 계신 윌리엄스버그에도 이렇게 근사한 가시덤불은 없을 것 같아." 벳시가 말했다.

어머니가 웃었다. "거기서는 가시덤불을 사용하지 않아." 그녀가 말했다.

"그럼 어떻게 솔을 묶어요?"

"핀으로 묶지."

메리가 어리둥절했다. "어머니가 상자에 넣어 둔 그런 브로치를 모든 사람이 다 가지고 있단 말이어요? 그걸 날마다 사용한다구요?"

"아니. 쇠로 만든 작은 핀이야. 마치 가시처럼 생겼어. 가시보다 작을 뿐이지. 그러면 가시처럼 구멍을 크게 내지 않아서 좋아. 그리고 계속해서 다시 쓸 수도 있고."

"흠." 벳시가 말했다. "그건 좋은 생각이 아닌 것 같아요. 그렇게 작다면 잘못하면 잃어버리겠어요. 그러면 계속 그걸 찾아야 하고. 차라리 가시덤불에서 새 가시를 따는 게 낫겠어요."

7
스스로 다스리는 주민들

 아버지는 늦은 5월이 되어서야 집으로 돌아왔다. 아이들은 아버지가 와서 몹시 기뻤으나, 아버지는 매우 바빴다. 그가 없는 동안 농장에서 해야 할 일이 밀려 있었다. 아버지가 없는 동안 제이콥은 할 수 있는 최선을 다했고, 존도 도왔다. 그러나 농장에는 아버지가 필요했다.

아버지가 집에 돌아왔다는 소식이 전해졌다. 그러자 그 구역에 있는 사람들이 너나 할 것 없이 모두 아버지를 보러 온 것 같았다.

"제가 톰만큼 어릴 적에는 우리 가족 말고는 거의 본 사람이 없었어요. 그런데 이제는 거의 매일 누가 찾아와요." 존이 말했다.

"손님이 오시니까 좋지 않니?" 어머니가 물었다.

"물론 그래요. 숲도 좋지만, 사람들이 더 좋은 것 같아요."

"저기 두 사람이 오고 있어요." 벳시가 말했다.

"가서 들어오시라고 해라." 어머니가 말했다. "해나, 옥수수빵을 더 만들어요. 멀리서들 오셨으니 점심을 드시고 가셔야지요."

그 사람들이 문에 도착하자 어머니가 거기 서 있다가 인사를 했다. "마샬 씨는 개울 옆에 있는 농장에 나갔는데, 존이 가서 모셔올 겁니다. 얼른 들어오세요. 기다리시는 동안 신문을 읽고 계세요."

존은 그 신문을 아주 좋아했다. 그는 한 글자도 빠짐없이 다 읽었다. 발간된 지 두 달밖에 안 된 신문이었다. 신문을 읽으면 최근에 나온 소식을 모두 다 아는 것 같았다. 그는 달려가서 그 신문을 손님에게 드렸다.

그중 한 사람이 신문을 받았다. 그는 호기심 어린 눈으로 그것을 들여다보았다. "내 평생 신문이라고는 본 적이 없어." 그가 말했다. 그리고 친구에게 그것을 건네주었다. "자네가 읽어주게."

그 사람도 고개를 흔들었다. "내 아버지는 나에게 총을 똑바로 쏘는 법을 가르쳐 주시고, 곰사냥 하는 법도 가르쳐 주셨지. 하지만 책 읽는 법은 안 가르쳐 주셨어. 아버지도 몰랐거든. 난 쉬운 단어나 조금 읽는 정도야."

"얘야, 아버지를 모시러 갈 것도 없다. 어차피 우리 부츠가 흙투성이니, 네 어머니 부엌을 더럽히면 안 되지. 우리가 개울 옆 농장에 가야겠어. 윌리엄스버그에서 무슨 일이 있었는지 직접 들어야겠다."

그리고 그들은 개울 옆 농장으로 갔다.

물론 아버지는 점심을 대접하려고 그들과 함께 집으로 왔다. 식사 후 그들은 의자를 가져다 마당에 내놓고 큰 떡갈나무 아래에 앉았다. 존은 그 옆 풀밭에 엎드렸다. 어른들은 대화를 나누었다. 그들은 흥분하기도 했다가, 화를 내며 고함을 치기도 했다.

아버지의 목소리는 분명하고도 차분했다. 그는 인지조례가 통과되었다고 말했다. "영국은 식민지에서 사용하는 모든 서류, 집문서, 그리고 다른 것들에 세금을 매긴 우표를 붙이게 할 겁니다. 우리는 원하든, 원하지 않든 그 세금을 내야 해요."

"우리는 내지 않겠습니다." 한 사람이 말했다. "우리 의원들이 세금을 내라고 결정하면 그건 다른 문제입니다. 하지만 영국 의회에 우리를 대표해서 말할 사람이 한 사람도 없는 상태에서 세금을 내라는 건 폭정입니다."

'저분은 어려운 글을 읽을 줄은 몰라도, 어려운 말은 정말 잘하시는구나.' 존이 생각했다.

"내 아들들이 어릴 때까지는." 더 나이 많은 사람이 말했다. "그들이 번 돈은 모두 내가 사용할 권리가 있었어요. 내가 그들을 위해서 해준 것들을 갚는 것이지요. 하지만 그들이 어른이 된 후에는 독립할 권리가 있어요. 우리의 모국 영국은 조심해야 할 겁니다. 그 아들들이 점점 어른이 되고 있으니까요."

"자유!" 첫 번째 사람이 말했다. "그게 바로 우리가 원하는 거라구요! 우리가 원하는 대로 할 수 있는 자유말입니다."

"아닙니다." 아버지가 말했다. "우리가 스스로 다스릴

존은 그 옆 풀밭에 엎드렸다.

수 있는 자유가 필요한 겁니다. 하지만 자유에는 질서와 연합이 있어야 합니다. 모든 식민지가 힘을 합해서 일해야 합니다."

"자유, 질서, 연합." 그런 말들도 어려운 단어들이었다. 그러나 존은 조금씩 이해를 하기 시작했다. "아버지 말씀이 옳아." 그가 생각했다. "식민지 주민들은 반드시 함께 일해야 해."

선거일

그해 여름 존은 여느 때보다 더 바빴다. 아버지가 의원이 되기 위해 또다시 후보로 나갔다. 그는 집회에 참석하고 연설을 해야 했다. 선거일이 점점 가까워지자 아버지는 거의 집을 떠나 있어야 했다. 그것은 다시 말해서 존이 농장일을 더 많이 해야 한다는 뜻이었다.

존은 늘 그랬듯이 농장 일보다 훨씬 더 하고 싶은 다른 일이 많았다. 낚시나 사냥을 가거나 아버지의 책을 읽는 것이었다. 그러나 이제 그는 하루종일 조금도 쉬지 않고 일했다. 그것이 만일 아버지가 다시 의원으로 뽑히도록 돕는 일이라면 기쁨으로 할 것이다.

"선거일에는 도대체 뭘 하는 거야?" 톰이 물었다.

"선거하는 사람들이 모두 정부 청사에 모여." 존이 설명했다. "각 사람이 자기 구역에 어느 의원을 뽑고 싶은지 말하는 거야. 물론 그들이 판단력이 있다면 모두 아빠를 뽑겠지. 우리가 어른이 되면 우리도 선거일에 정부 청사에 가게 돼."

"어른이 되려면 아직도 멀었어." 톰이 말했다. 존도 그렇게 생각했다. 그는 올해 선거일에 정부 청사에 가고 싶었다. 그러자 아이디어가 떠올랐다. "아버지가 어디 계시지?" 그가 물었다.

"대문에서 다른 어른들과 말씀하고 계셔." 벳시가 말했다.

존은 아버지가 그들에게 작별인사를 할 때까지 기다렸다가 집으로 갔다. 어머니는 문간 근처에 앉아 있었다. 그녀는 메리에게 양말 뒤꿈치를 어떻게 뜨개질하는지 보여주고 있었다.

"아빠." 존이 말했다. "선거일에 정부 청사 가실 때 저를 데리고 가시지 그러세요? 심부름하고 편지를 전달하고, 뭐 그런 일을 할 사람이 필요하실 거예요."

아버지가 웃었다. "심부름꾼이 있으면 좋지. 당신, 어떻게 생각해요?"

어머니가 의심스럽다는 듯한 표정을 지었다. "존은 아직 어려요. 거기에는 거친 사람들이 많을 텐데."

"그런 사람들이 많아도 제가 조심할게요." 존이 말했다. "저도 이제 스스로 판단할 수 있는 나이가 됐어요."

"그건 그래." 어머니가 인정했다. "아버지가 선거에 당선되는 모습을 본다는 것은 평생 두고두고 기억할만한 일이지."

"아버지가 선거에 낙방하는 모습을 볼 수도 있어요." 아버지가 어머니에게 말했다.

존은 절대 그런 일은 없을 거라고 확신했다. 그 구역에서 아버지가 최고란 걸 모두 다 알아야만 한다. "제가 큰 도움이 될 거예요. 가도록 허락만 해주신다면." 그가 어머니에게 말했다.

"아빠에게 진짜로 도움이 필요하다면……"

존은 어머니가 말을 끝낼 때까지 기다리지도 않았다. "야호!" 그가 소리쳤다. "난 드디어 정부 청사에 간다!"

심부름꾼

존은 선거일 전날 거의 잠을 이룰 수가 없었다. 너무나 흥분되었다. 그가 살짝 졸았는가 싶을 때 어머니가 그의 어깨를 흔들어 깨웠다. "일어나라. 아버지를 따라가려면 일어나 옷 입어야 할 시간이야."

하늘에는 달과 별이 환하게 빛났다. "아직 밤인데." 그가 말했다.

"새벽이야. 선거가 시작되기 전에 정부 청사에 도착하려면 지금 떠나야 한다."

빵 냄새가 계단을 타고 올라왔다. 베이컨 냄새도 났다. 존을 깨우는 데는 그 냄새가 훨씬 더 효과적이었다.

아버지 친구 두 분이 이미 도착해 있었다. 존이 휘청휘청 계단을 내려올 때 그들은 모두 아침 식사를 하고 있었다. 존은 여전히 졸린 눈을 비볐다. 어머니는 그에게 불 옆에 놓아두었던 뜨거운 접시를 주었다. 거기에는 옥수수빵과 지글거리는 베이컨이 잔뜩 쌓여 있었다. 이제 기분이 조금 더 나아졌다. 그가 식사를 채 끝내기도 전에, 어른들이 일어나 떠날 준비를 했다.

먼 여행이었다. 동쪽 하늘이 장밋빛으로 물들기 시작했다. 그러다 별안간 해가 하늘에 불쑥 나타났다. 처음에는 크고 새빨간 원이었다. 그러다가 해가 올라가면서 점점 작아지고 점점 환해졌다.

마침내 일행은 정부 청사에 도착했다.

"제일 먼저 할 일은 말을 돌보는 거다." 아버지가 존에게 말했다.

존은 말들을 데리고 길 건너 여관 마당에 있는 물통으로 갔다. 말에게 물을 먹인 뒤 다시 정부 청사로 데려와서 나무에 묶어 놓았다.

이렇게 아침이 이른데도, 투표하는 사람들이 도착하기 시작했다. 그들은 무리 지어 걸으며 말하며 논쟁을 했다. 존은 거의 사람들 사이를 밀다시피 해서 정부 청사로 왔다.

아버지의 상대인 다른 후보와 아버지가 판사의 벤치에 앉았다. 보안관은 근처에 있는 탁자에 앉았다. 그는 벌써 투표지를 확인해서 쓰고 있었다.

아버지가 존을 보자마자 가까이 오라고 신호를 했다. "이 쪽지를 심슨 씨에게 전해라. 여관에서 세 번째 집에 사는 분이야."

 존은 그 쪽지를 심슨 씨에게 전달했다.

 "넌 톰 마샬의 아들이구나, 그렇지?" 심슨 씨가 물었다.

 "네. 오늘 아버지를 도와드리려고 왔어요."

 "잘했다. 나도 그를 돕고 있어. 이제 홉킨스 씨 농장에 가서 홉킨스 양에게 아버지가 오늘 나오실 수 있는지 여쭤 봐라. 한 사람의 표가 중요하다고 말씀드려."

 존은 말을 타고 홉킨스 농장으로 갔다.

 "아버지께서 오늘 오전 중에 가신다고 말씀드려." 홉킨스 양이 말했다.

 존은 그 내용을 가지고 심슨 씨에게 갔다.

 "아, 이제 오는구나. 방금 왓킨스 부인 집에서 오는 길이다. 네 아버지 친구들이 그 댁에서 식사할 거야. 너도 알지? 그 부인이 어제 대장간에 물동이를 고치려고 맡겨 두었는데, 그걸 찾아야 한단다. 네가 가서 찾아다 드린다고 내가 말씀드렸다."

 존은 대장간에 가 본 적이 한 번도 없었다. 대장장이는 말발굽을 만드는 사람이다. 아, 그곳에 남아서 더 구

존은 말들을 데리고 길 건너 여관 마당에 있는 물통으로 갔다.

경을 할 수 있었더라면! 그러나 오늘은 그럴 시간이 없었다. 그는 물동이를 찾아다 서둘러 왓킨스 부인에게 갖다 드렸다.

그는 투표하는 사람들이 대부분 아주 멀리 떨어져 산다

는 것을 알았다. 그들은 투표하고 나면 집에 가서 점심을 먹을 수가 없었다. 아버지는 그들을 위해서 점심 대접을 했다. 누구든지 와서 식사를 할 수 있었다.

왓킨스 부인의 부엌에서는 향긋한 냄새가 물씬 풍겼다. 닭고기, 햄, 파이. 존은 입에 군침이 돌았다. 아, 그곳에 있다가 점심을 먹을 수 있다면 얼마나 좋을까! 그러나 아버지는 도움이 필요할 것이다. 그는 얼른 정부 청사로 돌아가야 한다.

이제 정부 청사는 사람들로 꽉 메워졌다. 존은 사람들 사이로 비집고 몸을 비틀면서 들어갔다. 거기에는 방금 숲에서 온 것처럼 흙투성이 부츠를 신은, 몸집이 큰 남자가 서 있었다.

"난 마샬 씨에게 표를 던졌어." 그가 말했다.

아버지가 일어서서 허리를 굽혔다. "감사합니다." 그가 말했다.

군중들이 환호를 했다. 존도 환호했다.

그는 정부 청사에 오래 머물지 않았다. 아버지가 보내야 할 전갈이 또 있었기 때문이다. 하루가 그렇게 지나갔다. 점심을 먹기 위해 앉을 새도 없었다. 심슨 씨가 또 다른 심부름으로 그를 불렀기 때문이다. 존은 한 손에 닭 다리를 들고, 다른 손에 파이 조각을 들고 심부름을 갔다.

그가 정부 청사에 돌아올 때마다 사람들은 더 많아졌다. 여자는 한 명도 없었다. 남자들만 투표할 수가 있었다. 게다가 사람들이 얼마나 거칠게 행동하는지, 여자들은 얼씬도 하고 싶지 않을 것이다. 때때로 누가 투표를 하면 군중들이 환호했다. 때때로 고함을 치기도 했다. 싸움이 곳곳에서 벌어졌다.

"선거를 하려면 이보다 더 나은 방법이 있어야 해." 존이 생각했다. 그러나 어떤 방법이 있을지 생각할 겨를이 없었다.

"얘야, 심슨 씨에게 가서 네 아버지가 보자고 하신다고 전해라." "존, 이걸 해라." "존, 저걸 해라." 존에게는 일이 끝이 없을 것처럼 보였다.

마침내 모든 것이 끝났다. 마지막 사람이 투표를 했다. 존은 조바심이 나서 개표가 끝날 때까지 기다릴 수가 없었다. 지친 것도 다 잊어버렸다. 마침내 개표를 완료했다. 아버지가 월등한 차이로 이겼다!

존은 군중들과 함께 환성을 질렀다. 그는 목이 쉴 때까지 환성을 질렀다. 심슨 씨도 고함을 질렀다. "톰 마샬, 만세!"

심슨 씨는 존을 보더니 빙그레 웃었다. "넌 네 아버지를 쏙 빼닮았어. 언젠가 나와 네 아버지가 소리를 지를 날이 있을 거다. '존 마샬 만세!' 지금부터 슬슬 준비하는 게 좋을 거야. 그래서 아버지 뒤를 이어받아야지."

존은 너무 놀라서 환성을 지르다가 멈추었다. 언젠가 아버지가 자기를 위해서 투표를 한다! 그거야말로 정말 근사하지 않겠는가!

8
그린웨이 코트

메리가 벳시를 쿡 찔렀다. "존 좀 봐." 그녀가 키득거렸다. 벳시가 쳐다보더니 따라서 웃었다.

존은 식탁에 앉아 있었다. 그의 앞에는 쓰기 공책이 있었다. 아버지가 공책 종이 맨 위에 문장을 하나 써 놓았다. 존은 공책 맨 아래까지 그 문장을 반복해서 베껴야 했다. 그는 그 문장을 세 번 썼다. 그리고 멈추었다. 생각에 잠겼다. 뺨에는 잉크 얼룩이 묻어 있었다. 계속해서 손가락으로 머리카락을 쓸었다. 너무도 깊이 생각에

잠겨 여동생들이 웃는 소리도 못 들었다.

"계속 문장을 쓰지 않고 뭘 해?" 벳시가 말했다.

"어떻게 하면 안 쓰고 넘어갈까 궁리하나 봐." 메리가 키득거리며 대꾸했다.

"아니야. 존은 뭐든 안 하고 넘어가는 법이 없어. 새로운 방법을 궁리하는 거야."

몇 분 후 아버지가 들어왔다. 그가 식탁 옆에 와서 존에게 물었다. "쓰기 공부는 잘되고 있니?"

"똑같은 것을 계속 쓰려니 질렸어요." 존이 말했다. "보세요, 아빠, 방금 좋은 생각이 들었어요. 왜 같은 문장을 계속 써야 하죠? 차라리 포프 씨의 시를 전부 베끼면 어때요? 그걸 다 베끼면 재미있을 거예요."

아버지가 고개를 흔들었다. "내 아버지가 내게 가르쳐 주신 방법은 그게 아니었어."

"워싱턴 대령이 그렇게 배웠어요." 존은 아버지가 워싱턴 대령에 관한 것이라면 무엇이든 좋아한다는 걸 알았다. "그가 신사의 예의범절에 관한 책을 전부 다 베꼈다고 하셨잖아요."

"그건 그래." 아버지가 말했다.

"워싱턴 대령이 하셨다면, 그건 좋은 방법일 거예요."
아버지가 웃었다. 그가 져주려고 했다. 존은 그걸 알았다. "만일 네가 대령만큼 잘 쓸 수 있다면, 나는 만족이야. 하지만 매일 적어도 공책 한 장씩은 써야 한다."
"알겠어요." 존이 약속했다.

그리고 그것을 지켰다. 곧 그는 포프의 시를 공책에 매일 한 장씩 베꼈다. 그러다 보니 마치 자기 자신이 시를 쓴 것처럼 자랑스러웠다. 그것을 읽고 또 읽다보니 모두 외울 정도가 되었다.

페어팩스 경을 만나다

"존은 정말 빨리 자라요." 아버지가 말했다.
"알아요." 어머니가 말했다. "너무 빨리 자라서 내가 셔츠를 만들어주자마자 작아져 버리죠."
"다음 주에 저 산 너머 그린웨이 코트에 가는데." 아버지가 말했다. "존을 데리고 가야겠어요. 페어팩스 경에게 내 아들을 소개해주고 싶어요."
페어팩스 경을 만난다는 건 어떤 소년이라도 겁이 날 만한 일이었다. 그의 개나 말이 훌륭해서가 아니었다. 그가 수백만 에이커의 땅을 소유해서도 아니었다. 그는 영국의 왕실에서 온 사람이었다. 그는 신사로서의 예의범절과 말에 매우 까다로운 사람이었다. 시골에서 자란 소년이 영국 왕실의 소년처럼 말하고 행동하기를 기대한다는 건 무리였다.

"절을 하다가 발을 헛디디면 어떡하지?" 그가 벳시에게 말했다. "팔과 다리를 어떻게 해야 할지도 모를 텐데. 얼굴이 새빨개 질 거야. 아버지는 부끄럽게 생각하실 테고."

"걱정하지 마. 오빠는 잘할 거야. 아빠가 나도 데려가셨으면."

"여자아이들은 다 그래." 존이 말했다. "여자아이들은 예의범절 배우는 데 아무 문제가 없어. 그러니까 항상 뽐내려고 하는 거야."

"난 그린웨이 코트에 있는 페어팩스 경의 집을 보고 싶어." 벳시가 말했다. "화려한 옷들 말이야. 사람들이 그러는데 그는 매년 영국에서 옷을 한 짐 사들인대. 하지만 그걸 입지는 않는대. 그저 매일 낡은 사냥 옷만 입는대."

"그렇다면 상식이 있는 분이로군." 존이 말했다. "나에

그는 마치 오랫동안 헤어졌던 친구를 만났다는 듯이 존에게
달려들었다.

게 좋은 생각이 있어. 네가 가고 싶어 하니까, 아빠에게 나 대신 널 데리고 가시라고 하자."

"아니, 싫어. 페어팩스 경은 여자를 싫어한대. 그가 젊었을 때 좋아하던 여자가 다른 남자와 결혼했대. 그래서 영국을 떠난 거래. 그는 소녀들에게는 관심도 없어."

"그가 나를 한 번 보면 소년들에게도 관심이 없어질 거야. 난 팔다리가 왜 이렇게 긴지 모르겠어. 계속 더 자라면 안 되니까, 차라리 묶어서 매듭을 지어놔야겠어."

존은 아버지와 말을 타고 가는 길에서도 계속 초조했다. 그러나 숲은 조용하고 평화로웠다. 큰 나무 아래로 말을 타고 가다 보니 초조한 마음이 사라졌다. 아버지와 단둘이 이렇게 멀리 여행 온 것은 처음이었다. 둘 다 거의 말이 없었다. 아버지는 큰 나무처럼 안정감 있고도 편안했다. 존은 아버지와 함께 있을 때는 조바심이 나지 않았다. 그는 모든 걱정을 잊었다. 그리고 길고 긴 하루를 즐겼다.

마침내 그들은 산을 넘었다. 그리고 계곡을 따라갔다. 석양 무렵이 되자 기름하고 나지막한 건물 앞에 도착했다.

"여기가 그린웨이 코트야." 아버지가 말했다.

집의 양쪽에는 큰 굴뚝이 있었다. 지붕에는 두 개의 작은 종탑에 종이 걸려 있었다.

"저 종은 무엇에 쓰죠?" 존이 물었다.

"이 일대에 인디언들이 있었던 시절에 경고용으로 울

리던 종이야."

귀여운 강아지가 쏜살같이 나와서 그들을 맞이했다. 그는 마치 오랫동안 헤어졌던 친구를 만났다는 듯이 존에게 달려들었다.

"안녕!" 존이 웃었다.

그는 한 손으로 말고삐를 잡고 다른 손으로는 강아지를 막고 있었다. 그래서 잘생긴 노인이 강아지 뒤를 따라 나오는 것을 알아챌 겨를이 없었다.

갑자기 아버지가 말했다. "제 아들, 존 마샬입니다."

이제 존이 염려했던 모든 일이 벌어졌다. 그는 절을 할 때 어느 발을 앞으로 내미는지 기억할 수가 없었다. 그의 귓전이 뜨겁게 달아올랐다. 하지만 상관없었다. 강아지가 계속해서 그에게 뛰어올랐다. 조지 워싱턴이라도 그런 상황에서 적절하게 절을 하지는 못했을 것이다.

"가만! 가만!" 페어팩스 경이 말했다.

강아지는 그 목소리에 순종했다. 그리고 느닷없이 점잖은 체했다. 이제 페어팩스 경은 아버지에게 말했다. 존은 기다란 안도의 한숨을 내쉬었다. 소년들은 어른들이 말할 때 아무 말도 하지 말아야 한다. 다행히 소개 행사는 그렇게 끝났다.

존은 여동생들이 함께 와서 저녁을 먹었더라면 좋았겠다고 생각했다. 사슴고기는 어머니가 만든 것보다 조금도 더 낫지 않았다. 하지만 온갖 은 식기들을 보면 좋아했을 것이다! 게다가 사슴 머리가 벽에 걸려 있었다. 그리고 책장에는 책이 가득 꽂혀 있었다!

저녁 식사 후 아버지와 페어팩스 경은 업무에 관해서 나누었다. 존은 그 얘기를 들으면 안 된다는 것을 알았다. 그는 굴뚝 옆에 있는 책장으로 갔다. 자신이 평생 본 책을 모두 합한 것보다 책이 더 많이 있었다. 그는 한 개를 집었다가 다른 것을 집었다. 어느 책을 먼저 읽을지 마음을 정할 수가 없었다.

마침내 책을 고르자 강아지가 들어왔다. 그리고 존의 발 옆에 앉았다. 벽난로에서는 큰 통나무가 서서히 타고 있었다. 촛불이 깜박였다. 소년에게 그 이상 더 바랄 게 무엇이 있으랴? 긴 여행, 맛있는 저녁, 따스한 불, 개, 그리고 책이 있으니.

한 가지가 더 있었다. 편안한 침대였다. 업무에 관한 대화가 끝나자 페어팩스 경의 나이 든 하인이 그들을 방으로 안내해 주었다.

다음 날 아침에는 일찍 식사를 했다. 존은 책장에 가서 어제 보던 책을 볼 시간이 더 있기를 바랐지만, 아버지가 그를 불렀다.

페어팩스 경은 그가 얼마나 느릿느릿 책을 내려놓는지를 눈치챘다. "그걸 빌려 가고 싶으냐?" 그가 물었다. "네 아버지에게 책을 빌려드린 적이 있다. 그 아들이니 기꺼이 책을 빌려주지. 아버지가 다시 오실 때 가지고 오시면 된다."

존은 손수건을 꺼내서 그 책을 조심스럽게 쌌다. 그리고 셔츠 안쪽에 그것을 넣었다. 그러면 안전할 것이다.

말들을 데려오자, 페어팩스 경은 그들과 함께 말을 타기로 했다. 업무가 끝나고 나니 그는 마샬의 아들에게 관심을 돌렸다.

존은 이제 그렇게 떨리지 않았다. 팔다리를 어디에 둘까 염려할 필요도 없었다. 그의 팔은 말고삐를 잡고 있었고, 그의 발은 박차에 있었다. 게다가 만일 페어팩스 경이 그가 마음에 들지 않았다면 책을 빌려주지도 않았을 것이다.

이제 페어팩스 경은 책에 관해서 얘기했다. "무슨 책을 읽었니?"

"아버지 선반에 있는 책은 다 읽었어요. 하지만 몇 권 안 돼요."

"나도 아직 책이 많지 않아. 아직 더 올 게 있지. 아버지 책 중에 제일 좋아하는 책이 뭐지?"

존은 서슴없이 말했다. "알렉산더 포프의 시예요."

페어팩스 경도 그 시를 알고 있었다. 그는 몇 줄을 읊었다. 그러다가 존에게 물었다. "네가 그다음을 읊어 주겠니?"

존이 계속 읊었다. 누구든 자기가 잘하는 것을 보여줄 때는 신이 난다. 아버지가 만족한 미소를 지었다. 페어팩스 경은 놀랐다.

"이 소년은 정말 영어에 뛰어나군." 마침내 존이 시를 모두 다 외우자 그 노인이 말했다. "이제 라틴어 공부를 시킬 때가 됐네."

'아차!' 존이 생각했다. '잘난 체하고 우쭐댔더니만 이런 봉변을 당하는구나. 정신을 차렸어야 하는데. 누구든지 남 앞에서 우쭐대면 즉시로 더 어려운 것을 시킨단 말

이야.'

　하지만 곰곰 생각해보니 라틴어를 배우는 것도 좋은 생각 같았다. 곧 두 사람은 집을 향해 떠났다. 존은 휘파람을 불었다.

9
라틴어

페어팩스 경이 말한 대로 존은 라틴어를 공부해야 한다. 하지만 누가 가르친단 말인가? 그것이 큰 문제였다. 아버지는 라틴어를 공부한 적이 없었다. 어머니도 없었다. 존이 혼자서는 배울 수 없을 것이다. 한동안 라틴어를 배우는 것은 포기해야 할 것처럼 보였다. 존은 관심 없는 체 했으나 마음속으로는 아쉬웠다. 마침 그때 어떤 일이 일어나는 바람에 그는 라틴어에 관해 까맣게 잊어버렸다.

십 년 전에는 이 구역 전체에 교회라고는 없었다. 그러

나 사람들이 시골로 점점 더 많이 모여들어 이제 집회소를 지어야 할 만큼 사람들이 많아졌다.

처음에 존은 자기 가족이 교회에 갈 필요가 없다고 확신했다. 어머니는 자녀들이 말을 배우자마자 기도하는 법을 가르쳐주었고, 아버지는 매일 아침 가족들에게 성경을 읽어주었다. 그들은 가족 예배를 드렸다. 그러면 충분하지 않은가?

그러나 충분하지 않았다. 일단 교회에 가 본 뒤에 존은 또 가고 싶었다. 물론 그는 혼자서도 하나님을 섬길 수 있었다. 하지만 다른 사람들과 함께 모여서 하나님을 섬길 때에 마음 깊이 어떤 만족감이 느껴졌다.

그는 예배가 끝난 뒤의 시간을 즐겼다. 아무도 즉시로 집에 가는 사람이 없었다. 남자, 여자, 소년들, 소녀들, 모두 예배당 마당에 서서 얘기를 나누었다. 남자들은 농사에 대해서 얘기했다. 아버지는 윌리엄스버그에서 일어난 일을 얘기했다. 여자들은 서로에게 닭을 잘 키우는 법이나 복숭아를 잘 말리는 법을 얘기해주었다. 그들은 어느 집 아기가 제일 빨리 자라는지 얘기했다. 소년들은 그들이 잡은 큰 물고기에 대해서 얘기했다. 그리고 그들이

그는 예배가 끝난 뒤의 시간을 즐겼다.

얼마나 총을 잘 쏘는지 으스댔다.

때때로 존은 다른 소년의 집에 가서 식사를 했다. 때때로 한두 명을 데리고 집에 오기도 했다. 그가 또래의 소년들과 친구가 되기는 처음이었다.

물론 새 교회에는 설교자가 있었다. 좋은 설교자였다. 제임스 톰슨 씨는 일 년 전에 스코틀랜드에서 왔다. 그는 마을에서 필요한 바로 그런 사람이었다. 하지만 살 곳이 없었다. 그는 결혼하지 않은 청년이었고, 혼자서는 집안일을 할 수가 없었다.

"그럼, 우리 집에 와서 지내시라고 합시다." 마샬 부부가 말했다.

마샬 아이들은 확신이 없었다. 교회에 가는 것은 좋았으나, 설교자와 한 집에서 지내는 것은 어쩔지 자신이 없었다. 그가 오면 독방을 쓸 수가 없었다. 남자아이들 방을 함께 써야 한다. 마샬 집에는 계속해서 아기가 태어났다. 존, 토마스, 제임스, 윌리엄, 찰스가 벌써 남자아이들 방에서 함께 자고 있었다.

"설교자건 누구건 상관없어." 존이 말했다. "만일 우리 침대에서 자기 자리보다 조금이라도 더 차지하면 내가 발로 차 버릴 테니까."

"설교자랑 한 집에 살면 재미가 없을 텐데……." 톰도 말했다.

"설교문을 쓰려고 우리에게 조용히 하라고 하면 어쩌지?" 메리가 투덜거렸다.

어머니가 듣는 데서는 그런 말을 하지 않으려고 조심했다. 그러나 톰슨 씨가 그 집에 들어온 지 며칠이 안 되어 그들의 생각이 바뀌었다. 모두 그를 좋아하게 되었다.

그는 늘 설교하지 않았다. 어린 소녀들에게 조용히 하라고 하지도 않았다. 대신 모든 아이들과 친구가 되었다. 그는 어머니가 실을 감는 동안 실타래를 잡아 주었다. 존이 실타래를 잡고 있을 때는 답답해서 항상 다리를 떨었다. 톰슨 씨는 아이들에게 자신이 어릴 때 유모에게서 들은 이야기를 들려주었다. 처음에 그들은 그의 스코틀랜드 발음을 거의 알아들을 수가 없었다. 그러나 곧 그들이 말할 때 스코틀랜드 발음이 섞이기 시작했다.

집안의 가훈

톰슨 씨가 집에 들어오고 며칠 후 아버지와 오랫동안

대화를 했다. 그리고 아버지는 큰 아이들을 한데 불러 모았다.

"톰슨 씨가 우리 집에서 학교를 열기로 하셨다." 그가 말했다. "존에게 먼저 라틴어를 가르쳐주실 거야."

처음에 존은 학교를 좋아했다. 날씨가 좋은 날이면 그들은 탁자와 의자를 집 앞의 큰 나무 밑으로 가져갔다. 추운 날이면 그들은 부엌 불가에 앉아서 공부했다.

존은 라틴어를 좋아했다. 모든 물체의 새 이름을 배우는 것이 재밌었다. 여동생들에게 시험해보는 것도 재밌었다.

"푸엘라." 그가 말하곤 했다. "이 리베르를 저 멘사에 갖다 줄래?"

여동생들은 그가 무슨 말을 하는지 추측을 했다. 마침내 그들은 알아냈다. 한 소녀가 그 책을 탁자 위에 놓는 것이다.

"자!" 벳시가 말하곤 했다. "오빠가 말하는 라틴어를 우리가 다 이해했어!"

그러나 라틴어 문법은 몹시 어려웠다. 더 이상 재미가 없었다. 지금까지는 아버지는 항상 기회가 날 때마다 존을 가르쳤다. 어머니는 일하는 사이사이에 가르쳤다. 그러나 존은 그때까지 매일, 그것도 아침 내내 공부를 한 적이 없었다. 숲이 자기를 오라고 계속 부르고 있었다. 구즈 크릭 개울이 바위를 넘실대며 졸졸 흐르는 소리가 들렸다. 그런데 그는 여기서 등을 구부리고 앉아서 라틴 문법을 배워야 한다. 그는 그것을 좋아하지 않았다. 조금도 좋아하지 않았다.

"그런데 왜 라틴어를 배워야 하는 거지?" 그가 말했다. "아무 데도 쓸데가 없는데. 아빠는 라틴어를 몰라도 얼마든지 잘 사셨는데."

어머니는 버터를 휘젓고 있었다. 그녀는 손을 멈추고 오랫동안 심각한 표정으로 존을 쳐다보았다. 화가 난 얼굴이 아니었다. 야단도 치지 않았다. 하지만 어머니가 자기를 뚫어지라 쳐다보면, 존은 항상 마음이 불편했다.

"아버지는 항상 라틴어를 배우지 못한 것을 서운해하셨어." 그녀가 말했다. "자기가 못한 것을 자녀들에게는 해주고 싶어하지."

그녀는 손을 씻고 큰 수건에 닦은 뒤, 수건을 물동이 옆에 있는 벽에 걸어 놓았다. "다른 방으로 가자. 보여

줄 게 있다."

 존은 어머니를 따라 침실로 갔다. 어머니는 귀중품을 보관하는 큰 상자를 열었다. 그 속에서 작은 상자를 꺼냈다. 어머니는 농장에 살면서 보석을 걸어볼 기회가 없었다. 존은 어머니에게 보석이 있다는 사실조차 거의 잊고 있었다.

 이제 어머니가 반지를 꺼냈다. 그녀에게는 너무 큰 반지였다. 자수정 반지였다. 거기에 두 단어가 소문자로 새겨져 있었다.

베리타스 빈치트

 "그건 라틴어야." 어머니가 말했다. "읽어줄래?"
 "베리타스." 존은 영문을 몰랐다. "그건 '진리'라는 뜻인데. '빈치트'는 정복하다는 뜻이고. '진리가 정복한다.' 그게 맞아요, 엄마?"
 "잘했다." 어머니가 감탄했다. "'진리가 정복한다.' 그게 네 아버지 집안의 가훈이야. 언젠가 네가 그 반지를 끼게 될 거다. 그러면 네 가정의 가훈이 되는 거야.
 "진리가 진정 무엇인지 알기란 쉽지 않아. 사람들은 그

이제 어머니가 반지를 꺼냈다.

것을 알려고 하지도 않을 때도 있지. 가끔 그것을 남들이 모르게 숨기려고도 해. 진리를 발견하고, 진리가 정복하도록 돕는 일은 훌륭한 일이야."

존이 고개를 끄덕였다. 어머니는 그 가훈을 아주 근사하게 설명을 해준 것이다.

"우리나라에는 법률가가 필요해. 진리가 무엇인지 알아내고, 진리가 정복하도록 도와주는 선한 법률가들 말이야. 그런 변호사가 되고 싶지 않니?"

"아빠처럼 농부가 되고 싶어요."

"두 가지를 다 할 수 있어. 아빠는 농부야. 하지만 그는 구역의 보안관이고 의원이지."

존이 곰곰이 생각했다. 농부가 되고 변호사가 된다는 것은 그리 나쁘지 않을 것이다. 진리가 정복하도록 도와준다…… 참 멋진 생각이다.

"변호사는 법을 공부해야 해." 어머니가 말했다. "법에 관한 책에는 라틴어가 많이 사용된단다. 이제 왜 라틴어를 공부해야 하는지 알겠니?"

"아, 알겠어요." 존이 미소를 지었다. "다른 것도 알았어요."

"뭔데?" 어머니가 물었다.

"제가 하고 싶은 것은 모두 열심히 노력해야만 할 수 있다는 사실이에요."

10
시골에서 온 학생

거의 일 년이 지났다. 존은 침대맡에 앉아 있었다. 톰슨 씨가 안장 가방을 꾸리는 모습을 보고 있었다. "떠나시게 되어 정말 서운해요." 존이 말했다.

"돌아올 거야, 존." 톰슨 씨가 말했다. "난 버지니아가 좋아. 하지만 고국에 돌아가서 공부를 마저 마쳐야만 해. 그리고 다시 돌아올 거야."

"목사님은 이미 충분히 공부하신 것 같아요."

"아무도 충분히 공부한 사람은 없지. 존, 기억해라. 평생 쉬지 말고 계속 배워야 한다."

"배우는 데도 오래 걸리지만, 저를 가르치시는 데도 상당히 오래 걸렸죠?" 존이 빙긋이 웃었다.

톰슨 씨가 웃었다. "넌 집중만 하면 금방 배울 수 있어."

"선생님 없이는 어려워요."

"네 말이 맞는 것 같다. 네가 벌써 열네 살이니, 이제 아버지 농장에서 벗어나 더 큰 세계를 보아야 해. 정부 청사보다 더 멀리 가 본 적이 있니?"

"산 너머 그린웨이 코트까지 한 번 가봤어요."

"그래 봐야 하룻길밖에 안 돼. 집을 떠나 학교에 가는 것 생각해 봤니?"

"생각해봐야 소용없어요. 부자들은 아들들을 영국으로 보내지만, 아버지는 그럴 형편이 안 돼요."

"물론 그렇겠지. 하지만 이곳에도 학교가 있어. 지난 주에 웨스트몰랜드 구역에 사시는 캠벨 목사에게서 편지를 받았어. 그가 자기 아들을 가르치는 김에 다른 소년들 몇 명을 더 받아서 자기 집에서 하숙시키면서 가르치겠다는 거야."

"웨스트몰랜드 구역이라구요!" 존이 말했다. "거기는 아버지와 어머니가 자라났던 곳이에요!"

"그래. 거기 가면 친척들을 다 만나볼 수 있겠구나."

"아버지가 저를 그 학교에 보내주실 형편이 될까요? 아시다시피 우리 집에는 형제가 열 명이나 있잖아요."

"대가족이지. 하지만 네가 교육을 받고 돌아오면 다른 형제들을 가르쳐줄 수가 있어. 내가 아버지께 캠벨 목사님 편지를 보여드릴까?"

"네. 그렇게 해주세요."

톰슨 씨는 다음날 떠났다. 그는 떠나기 전에 캠벨 목사의 편지를 아버지에게 보여 주었다. 아버지는 어머니와 의논을 했다. 그는 캠벨 목사에게 편지를 썼다.

드디어 모든 일이 결정되었다. 아버지가 올가을 윌리엄스버그에 가는 길에 존을 웨스트몰랜드 구역에 데려다 주기로 했다. 이제 존은 캠벨 씨의 새 학교에 들어가는 것이다.

여동생들은 존이 떠날 준비를 해주면서 대단히 흥분했다. 그들은 존의 옷차림을 매우 염려했다. 그러나 옷에 관해서라면 존은 조금도 관심이 없었다.

"난 새 옷 싫어." 그가 고집을 부렸다. "새 옷은 불편해. 뻣뻣하고 까끌까끌하고 몸에 꼭 끼잖아. 난 헐렁하게 늘어진 옷이 좋아."

"하지만 오빤 새 옷을 입고 가야 해." 벳시가 반대했다. "그 낡은 옷을 어떻게 바깥에 나가서 입는단 말이야? 엄마, 안 그래요? 소매와 바지는 너무 짧고. 다 헤어졌어요. 얼룩도 많고……."

"잠깐." 존이 말했다. "내가 좋아하는 친구를 그렇게 말하지 마. 필요하다면 단을 더 내줘. 그리고 세탁 후에 떨어진 곳을 기워줘. 난 그 옷이 편해. 그걸 입을 거야."

그는 기어이 헌 옷을 입고 갔다. 어머니는 새 옷을 잘 접어서 안장 가방에 넣어 주었다.

"걱정할 것 없다." 어머니가 딸들에게 말했다. "다른 소년들이 어떤 옷을 입고 있는지 보면, 당장 새 옷을 입겠다고 할 테니까."

새로 온 학생

웨스트몰랜드 구역까지는 이틀 거리였다. 존은 그 여행을 즐기면서 갔다. 언덕은 점점 낮아졌고, 강은 점점 넓어졌다. 그 지역은 존이 사는 시골만큼 아름답고도 흥미로웠다.

캠벨 씨의 학교 캠블턴에는 마샬 집에 있는 형제들보다 학생 수가 더 적었다. 그리고 모두 소년들뿐이었다. 나이도 모두 존과 엇비슷했다. 존에게는 아주 새로운 환경이었다.

존은 집에서 큰 오빠와 형 노릇을 하는데 익숙해 있었다. 동생들은 모두 그를 우러러보았었다. 때때로 동생들이 불평할 때도 있었지만, 대체로 잘 따랐다.

하지만 이제 그는 "시골에서 새로 온 학생"이었다. 그는 키가 크고 어수룩했다. 부잣집 소년들이 배우는 예의범절도 알지 못했다. 그는 다른 소년들이 자기를 보고 비웃는 것처럼 느껴졌다.

소년들이 자는 방은 학교 교실 위층에 있었는데, 마샬 집 남자아이들이 자는 방만큼 비좁았다. 촛불을 끄고 나면 작은 창문 몇 개로 달빛이 새어 들어왔다.

'집에서도 창문으로 달빛이 들어왔는데…….' 존이 생각했다. '가족들은 지금 뭘 하고 있을까…….' 그는 벌써 집에 가고 싶어졌다.

다음 날 아침에는 상황이 더 안 좋아졌다. 학교는 일곱 시 반에 시작했다. 소년들은 여덟 시까지 공부했다. 그리고 삼십 분 동안 무엇이든 하고 싶은 것을 하는 시간이었다.

그들은 모두 존을 둘러쌌다. 그리고 존에게 질문하며 놀리기 시작했다. 그는 당당히 버티려고 했으나, 계속 착하게 참고 있을 수가 없었다.

캠벨 목사 사택에서 교회까지는 숲 속에 직선으로 난 길을 통과해야 한다. 그 길을 따라 한 소년이 오고 있었다. 그는 겨드랑이에 책을 끼고 어깨에는 총을 메고 왔다.

"저기 제임스 먼로가 온다." 한 소년이 말했다. "헤이, 먼로, 여기 누가 새로 왔어. 글쎄, 얘가 모르는 게 얼마나 많은지 믿을 수 없을걸? 오리 사냥도 가 본 적이 없대. 어부가 후릿그물 끌어올리는 것도 본 적이 없고, 배도 본 적이 없대. 그럼, 너는 해 본 게 뭐 있냐, 마샬?"

'나도 자랑을 좀 해야겠어.' 존이 속으로 결심했다. '어떻게든 이 아이들을 놀라게 해야지.'

"마샬, 너, 뭐 할 줄 아는 거라도 있냐?" 그 소년이 계속 물었다.

"그럼, 있지." 존이 말했다. "난 아홉 살 때 곰 발자국을 따라서 동굴까지 갔어."

그건 놀라운 일이기는 했다.

"시골에서는 아홉 살짜리 아이가 곰사냥을 한단 말이야?" 제임스 먼로가 물었다. "혼자서?"

"아니. 보통 그러지는 않아. 하지만 난 어머니와 여동생들을 보호해야 했거든."

소년들이 얼마나 감탄을 했던지, 존은 거의 웃음이 터질 뻔했다. 그들은 더 이상 놀라지 않았다. 이제 위대한 곰 사냥꾼 존과 친구가 되고 싶어하는 것이 분명했다. 어쨌든 그가 한 말 중에 사실이 아닌 말은 없지 않은가?

'하지만 이런 식으로 친구를 만들고 싶지는 않아.' 존이 속으로 생각했다. '이런 식으로 친구를 만들면, 앞으로도 계속해서 그들이 놀랄 만한 일을 해야 할 테니까.'

"너 무섭지 않았어?" 한 소년이 물었다.

"아니. 하나도 안 무서웠어." 존이 말했다. 그리고 빙그레 웃었다. "사실, 난 그게 곰인 줄 몰랐거든. 곰 발자국과 소년 발자국을 구분할 줄도 몰랐다니까. 내가 뒤를 따라가다가 우리가 서로 대면했는데, 그 늙은 암곰에 비하면 내가 두 배는 더 놀랐지. 게다가 내가 두 배는 더 빨리 달렸다니까."

소년들이 웃었다. 그들이 다시 그를 놀릴 새도 없이 존이 먼로에게 물었다. "총이 있구나. 여기서 뭘 잡는데?"

"보통 토끼와 다람쥐야. 하지만 오늘 아침에는 칠면조를 봤어."

"칠면조!" 소년들이 소리쳤다. "어디서?" 그들이 먼로를 둘러쌌다.

"개울이 굽어지는 지점의 덤불 있잖아. 거기서."

바로 그때 아침 식사 종이 울렸다. 칠면조와 새 친구 놀리기는 다 잊어버린 듯 모두 쏜살같이 식당으로 달려갔다.

존은 학교가 파한 후 소년들이 다시 놀릴까 봐 염려가 되었다. 그러나 막상 학교가 파하자 소년들은 다른 생각을 하고 있었다.

"넌 곰이 따라오지 않을 때는 얼마나 빨리 달릴 수 있냐?" 한 소년이 물었다.

존은 이제 더는 자랑하지 말아야겠다고 생각했다. "먼

저 시험해보기 전에는 뭐라고 말 못하겠어. 여기는 땅이 평평하잖아. 우리 시골은 언덕이거든."

"우리 학교에서 딕이 제일 빨라. 딕하고 시합해봐."

키가 크고 머리카락이 노란 소년이 앞으로 나왔다. "좋아." 그가 존에게 친절한 미소를 보였다. "먼로가 심판하라고 하자."

존은 이미 제임스 먼로가 학교에서 가장 뛰어난 학생이란 사실을 알았다. 그는 공정하게 심판하기 때문에 소년들은 그를 신뢰했다.

먼로는 책을 내려놓았다. 그리고 흙바닥에 발로 선을 그었다. "여기가 출발선이야. 이 길을 따라서 큰 소나무까지 갔다가 다시 돌아오는 거야. 준비됐어? 하나, 둘, 셋!"

그들은 출발했다. 딕은 아주 잘 달렸다. 존은 즉시 그것을 알아차렸다. 딕은 초반에 모든 힘을 다 쓰지 않았다. 존도 마찬가지였다. 그들은 소나무까지 거의 나란히 달렸다. 소나무에서 돌아오기 시작할 때 딕이 더 빨리 달리기 시작했다. 존도 마찬가지였다.

소년들이 응원했다. 존이 앞서 갔다. 그는 이제 이길

그들은 출발했다.

수 있다고 확신을 했다. 길에는 솔잎들이 떨어져 있어서 미끄러웠다. 그 바람에 존이 휘청했다. 그러자 딕이 앞으로 휙 지나갔다. 하지만 존은 넘어지지 않고 다시 몸을 바로 세웠다. 그가 딕 바로 뒤를 추격했다.

이제 거의 딕 가까이 갔다. 존이 앞서 갔다. 일 미터, 이 미터. 그가 출발선을 넘어갔다.

"마샬이 이겼어!" 제임스가 소리쳤다.

"너를 뒤쫓던 그 불쌍한 곰이 얼마나 좌절했을지 이제야 알겠어." 딕이 숨을 몰아쉰 뒤에 웃으며 말했다. "널 잡다니, 어림도 없지."

제임스 먼로는 책을 집어 들고 집으로 가기 시작했다.

"나도 같이 가." 존이 말했다. "오늘 네가 칠면조를 봤다는 그 덤불을 보여줘."

다른 소년들은 그들이 함께 가는 모습을 보며 서 있었다. 제임스 먼로는 미래의 미국 대통령처럼 보이지 않았다. 존 마샬도 미래의 대법원장처럼 보이지 않았다. 소년들이 보기에 그들은 다만 시골촌뜨기일 뿐이었다.

11
배 구경과 게 낚시

학교는 아침 일찍 시작하고 오후 늦게 파했다. 존은 평생 그렇게 무엇을 열심히 한 적이 없었다. 그러나 선생님이 목사님이다 보니 한 가지 좋은 점이 있었다. 캠벨 목사님은 때때로 교회 일로 하루 이틀 집을 떠나 있었다. 그럴 때면 소년들은 수업이 없었다.

딕의 집은 학교에서 멀지 않은 곳에 있었다. 수업이 없었던 첫날 딕은 존에게 자기 집에 가자고 했다. 존의 생각은 달랐다.

"저기 연락선이 있잖아."

"홉스 홀에 가서 배를 구경하자."

물론 딕은 배를 수없이 많이 보았다. 하지만 존에게 배를 보여주는 것도 재미있을 것이다. "거기까지 하루에 갔다 올 수 있어?" 존이 물었다.

"힘들어."

"아, 그렇구나." 존이 실망했다.

"하지만 내게 좋은 수가 있어. 아빠에게 말을 두 마리 빌려달라고 하는 거야. 그리고 배를 본 다음에 리차드 숙모 집에서 자는 거야. 숙모는 바로 그 근처에 사시거든.”

리차드 숙모가 존을 초대하지는 않았다. 그러나 자기 집에 만일 배고픈 소년 두 명이 집에 온다면 어머니는 기꺼이 밥을 해주고 자고 가라고 할 것이다. 그래서 존도 그러자고 했다.

“그러려면 동트기 전에 일어나서 출발해야 해.”

“좋아. 내 동생 벳시가 있었다면 나를 깨워줬을 텐데.”

연락선

벳시는 없었지만 존은 겨우 제시간에 일어날 수 있었다. 해가 뜰 때 두 소년은 출발 준비를 마쳤다.

긴 여행이었다. 대부분 숲길을 가야 했다. 나무들이 그들 머리 위로 아치를 그렸다. 평지를 따라 난 길에는 거치는 것이 없었다. 돌도 거의 없었다. 존은 그런 길은 처음이었다. 마침내 그들은 널따란 습지에 키가 큰 갈대가 빽빽하게 우거진 곳으로 왔다. 그 너머에는 라파하녹 강이 보였다. 존은 자신의 눈을 믿을 수가 없었다.

“강폭이 거의 1킬로미터 반이나 되다니!”

“거의 3킬로미터야.” 딕이 자랑을 하며 말했다.

"도대체 어떻게 저 강을 건넌다는 거야?"

"저기 연락선이 있잖아."

길이 이제 강에 다다르자, 크고 바닥이 납작한 보트가 물속에 박아놓는 기둥에 묶여 있었다. 그것은 두 사람이 말과 함께 탈만큼 충분히 큰 배였다. 연락선 젓는 사공이 근처에 있는 오두막에서 나왔다. 그는 배 뒷부분에 서 있었다. 그리고 큰 노를 잡고 배를 저어 강을 건너갔다.

배는 아주 느렸다. "느려서 좋아." 딕이 말했다. "그러면 지나가는 배를 자세히 관찰할 수 있으니까."

홉스 홀이라는 작은 마을은 강 건너편에 있었다. 그쪽으로 점점 다가가자 배들이 많이 보였고 강이 마치 살아나는 것 같았다. 사람들이 작은 보트를 타고 낚시를 하고 있었다. 돛이 두 개 달린 범선인 스쿠너가 선창에 있었다. 강에는 큰 배가 여섯 척 보였다. 존은 그것들을 보러 온 것이다.

"저기 배가 있다." 딕이 말했다.

존은 보고 또 보았다.

"네가 보고 싶었던 게 저런 거야?" 딕이 물었다.

"바로 저거야." 존은 크고 시커먼 배와 그 한가운데 마치 옷을 벗은 겨울나무처럼 돛도 없이 덩그러니 솟은 돛대에서 눈을 뗄 수가 없었다. "저 배들이 대양을 가로질러 수천 킬로미터를 왔다고 생각해봐! 상상하기 어려워."

딕이 웃었다.

그중 한 배에서는 짐을 내리고 있었다. 큰 상자와 배럴통들을 작은 배로 내렸다. 그 작은 배들은 선창까지 간다. 선창에는 크고 느린 소들이 끄는 수레가 기다리고 있었다.

"저 상자 속에 든 것들 다 갖고 싶지 않아?"

"저게 뭐냐에 따라 다르지." 존이 빙그레 웃으며 말했다. "지금 배에서 내리고 있는 저 큰 상자를 생각해보자. 그 속에는 부유한 농장주들이 주문한 화려한 옷들이 있을지도 몰라. 파란색 우단, 레이스가 달린 주름진 소매. 그것들 다 가지라고 해. 난 필요없어!"

딕이 또 웃었다. "나도 필요없어. 저 배럴통에는 뭐가 있을까? 은 식기와 고급 도자기들이 있을 거야."

"시골 우리 집에는 아이들이 너무 많아서 그런 것들은 오래가지도 못해."

"갑판 위에 있는 저 큰 상자는 피아노 같아."

"저 배들이 대양을 가로질러 수천 킬로미터를

왔다고 생각해봐! 상상하기 어려워."

어떤 가엾은 소녀가 거기 앉아 지겹도록 연습하는 상상을 하자 둘 다 빙그레 웃었다.

"저 작은 상자는 캠벨 씨가 주문한 책 상자일지도 몰라."

"난 이제 공부해야 할 책이 너무 많아서 더는 필요없어."

"나도 그래." 딕이 말했다. "저 길다란 상자는 총이 든 것 같지 않아? 총이라면 갖고 싶지?"

존은 잠시 생각을 했다. "내 총은 좋은 총이야. 나는 그것에 익숙해져 있고." 그가 말했다. "그러니까 또 다른 총은 필요 없어."

그 작은 배가 큰 배에서 멀어졌다. 선창으로 가고 있었다. 존은 사람들이 노를 젓는 모습을 구경했다.

"아니." 그가 쾌활하게 말했다. "난 아무것도 필요 없어. 물건을 많이 가지고 있으면 관리를 해야 하니까 더 귀찮거든."

게 낚시

연락선이 해안에 닿았다. 존과 딕은 요금을 지불했다.

그리고 말을 배 밖으로 인도했다.

"먼저 삼촌의 선창으로 갈까? 아니면 집으로 갈까?" 딕이 물었다. 그리고 자기가 스스로 대답했다. "리차드 숙모에게 우리가 왔다는 것을 먼저 알려드려야겠어. 그러면 요리사에게 비스킷을 몇 개 더 만들라고 하실 테니까."

그들은 마을을 바로 지난 곳에 서 있는 하얀색 집을 향해서 말을 타고 갔다. 리차드 숙모는 그들을 보자 깜짝 놀랐다. 기쁘기도 했다.

"리차드 삼촌이 벨린다 호를 타고 온 스미스 선장을 오늘 오후에 모시고 온다고 하셨다." 그녀가 딕에게 말했다. "그 선장은 게를 좋아하신다고 해. 나도 선장이 오시면 게 맛을 보려고 기다렸다. 리차드 삼촌은 인부들과 함께 짐을 내리느라 종일 바쁘니까, 네가 존과 보트를 타고 가서 게를 좀 잡아 오너라."

"좋아요." 딕이 말했다. "존, 가자."

"낚싯바늘이 없는걸." 존이 말했다. "한 개 빌려줘야겠어."

"게를 잡을 때는 낚싯바늘이 필요 없어. 혹시 끈 같은 거하나 없어?"

존이 주머니를 더듬었다. "여기 끈이 있어. 매듭이 몇 개 있는데 괜찮아?"

"상관없어. 이제 게망, 바구니, 그리고 미끼만 있으면 돼. 부엌으로 가자."

부엌에서 일하던 나이 든 요리사는 딕이 게망을 달라고 하자 매우 좋아했다. "어떻게 하면 강에 있는 저 게들을 잡아먹을까 고민하고 있었어. 마스터 딕, 문 뒤쪽에 게망이 걸려 있어. 그리고 이 바구니를 가져가면 돼. 잠깐 기다리면 내가 햄 껍질을 줄 테니 미끼로 써."

"먹을 것도 좀 주실래요?" 딕이 말했다. "점심때까지 굶어 죽지 않을 정도로만 주시면 돼요."

요리사 아주머니가 미소를 지었다. 그는 미끼로 사용할 햄 껍질을 잘랐다. 그리고 소년들에게는 옥수수빵과 햄을 주었다. 그리고 두 소년은 강둑에서 멀지 않은 곳을 향해서 떠났다.

리차드 삼촌의 보트가 강물 속에 있는 기둥에 묶여 있었다. "물속으로 걸어서 저 보트까지 가야 해." 딕이 말했다. "노 저을 줄 알아?"

"카누를 저어 봤어." 존이 말했다.

그들은 물속을 걸어갔다. "밀물이 들어온다." 딕이 말했다. "잘 됐어. 이제 배에 들어가. 하지만 배가 뒤집어지게 하면 안 돼."

보트는 카누와는 상당히 달랐다. 하지만 존은 금방 익숙해졌다. 묵직한 노는 카누를 젓는 가벼운 노와는 달랐다. 곧 딕이 적당한 곳에 왔다고 말했다. 그는 작은 고기 조각을 줄 끝에 달아서 물속에 넣었다.

즉시로 게가 날카로운 발톱으로 그것을 쥐었다. "얼른, 존!" 딕이 소리쳤다. "게망을 줘."

그는 끈을 잡아당기고 작은 망으로 게를 감싸 올렸다. 게는 다리를 양 사방으로 휘저어 대면서 바구니 아래로 떨어졌다.

"나도 한 마리 잡았어." 존이 흥분해서 소리쳤다. "여기, 딕. 그 게망을 이리 줘!"

그는 게망을 어떻게 사용해야 하는지 몰랐다. 그가 망을 물속에 담그는 순간 게가 사라져버렸다.

"그렇게 하면 하나도 못 잡아." 딕이 웃으며 말했다.

"저런 못된 놈 같으니! 감히 내 미끼를 채 가다니!" 존이 소리쳤다. "하지만 내가 잡고야 말겠어. 이번에 다시 오면 가만 안 둔다니까!"

그는 끈에 다시 한 번 고기조각을 묶어서 물속으로 던졌다. 고기가 물속으로 가라앉기 시작하자 게가 그것을 쥐었다. 존은 더 빨리 게망을 내렸으나, 이번에도 놓쳤다. 그 게가 또 빠져나간 것이다.

"내가 게망을 사용하는 게 낫겠어." 딕이 말했다.

"안 돼. 저놈이 내 미끼를 두 번이나 훔쳐갔는데, 내가 가만히 내버려 둔단 말이야? 앗! 또 게가 미끼를 잡았다!"

그는 게망을 집었다. 그리고 끈을 잡아당겼다. 이번에는 게가 잡혔다. "야호!"

그 후 존은 딕 만큼 재빠르게 게를 잡아 올렸다. 바구니는 금세 가득 찼다.

"자!" 딕이 말했다. "이 정도면 충분해."

"한 번만 더 해보자." 존이 말했다. 그는 마지막 미끼를 꺼냈다. 그러다가 팔로 바구니를 쳤다. 딕이 바구니를 잡았으나, 때는 너무 늦었다.

바구니가 뒤집어졌다. 게들이 기어 나왔다. 보트 바닥

전체에 게가 기어 다니고 있었다. 존이 얼른 발을 들다가 하마터면 균형을 잃고 넘어질 뻔했다. 딕도 얼른 발을 들어 판자 위에 올렸다.

"바구니를 넘어뜨리지 않고 잡고 있을 수 있겠어?" 그가 존에게 말했다. "내가 망을 집을게. 게가 나를 물지 말아야 할 텐데."

존이 바구니를 들었다. 딕은 게망을 집었다. 그리고 의자 위에 발을 놓고 균형을 유지하면서 게들을 다시 집어서 바구니에 넣는 작업이 시작되었다.

"휴, 내 여동생들이 없어 천만다행이야." 존이 말했다. "그렇지 않았더라면 지금부터 내년 1월까지 놀림을 당했을 거야!" 마침내 마지막 게가 바구니에 들어갔다.

"자!" 딕이 말했다. "스미스 선장이 이걸 맛있게 드시겠지!"

그들은 배를 저어 해안으로 갔다. 그리고 게를 들고 부엌으로 가져갔다. 그리고나서 식사 시간이 될 때까지 사과나무 아래 잔디밭에 누워서 기다렸다. 마침내 리차드 씨가 스미스 선장과 함께 집으로 왔다. 리차드 숙모가 소년들을 불렀다. 식사가 준비되었다.

삼촌과 선장은 일단 너무 배가 고파 두 소년에게 별로 관심을 두지 않았다. 특히 선장은 게를 먹느라 바빴다. 식사가 거의 끝날 때쯤 리차드 삼촌이 딕에게 물었다. "너희 둘 왜 오늘 학교에 안 갔니? 무슨 일이 있니?" 딕이 캠벨 씨가 업무차 여행을 가서 수업이 없다고 말했다.

"그래, 노는 날 특별히 이 늙은 숙모가 보고 싶어 여기까지 왔단 말이니? 참 착하기도 하지." 리차드 숙모가 말했다.

"물론 저는 숙모가 보고 싶었어요. 하지만 존이 배를 보고 싶어 했어요. 배를 한 번도 본 적이 없대요." 딕이 솔직하게 말했다.

"정말이니?" 스미스 선장이 말했다. "그렇다면 나하고 보트를 타고 벨린다 호에 올라가 보겠니? 내가 타 본 배 중 가장 훌륭한 배야."

존은 몹시 기뻤다. 나중에 집에 돌아가서 여동생들에게 얘기해주면 얼마나 좋아할까?

선원 두 사람이 보트에서 기다리고 있다가 스미스 선장을 벨린다 호까지 싣고 갔다. 곧 그들은 큰 배의 선체 아래에 다다랐다.

"밧줄로 만든 사다리 타고 올라갈 수 있겠어?" 딕이 존에게 물었다.

"밧줄 사다리 타본 적이 없어." 존이 말했다. "하지만 난 메뚜기만할 때부터 나무를 탔으니까, 할 수 있을 거야."

존은 밧줄을 타고 겨우겨우 올라갔다.

그들은 배 한 쪽 끝에서 다른 쪽 끝으로 돌아다녔다. 그들은 갖가지 돛의 이름을 배우고, 돛을 조절하는 묵직한 밧줄을 보았다. 그리고 어두운 구멍을 타고 내려갔다. 거기에는 담배가 든 커다란 배럴통들이 쌓여 있었다.

"배를 타고 영국까지 가볼 테야?" 딕이 물었다.

존이 고개를 저었다. "한 번쯤 가보겠지. 하지만 난 버지니아면 충분해."

12
생선 잔치

 그들은 리차드 숙모 집에서 자고 다음 날 아침 일찍 학교를 향해 떠났다. 그 다음 날을 위해서 해야 할 숙제도 있었다. 숙제는 아주 많았다. 캠벨 씨는 방학을 준 날은 숙제를 해서 보충을 하게 만들었다.

"공부는 갈수록 어려워." 다시 학교로 돌아온 뒤 일주일 후에 존이 딕에게 말했다. "방학이 있으면 그 다음 날 숙제가 많아서 좋을 게 하나도 없어."

"그래? 캠벨 씨에게 하루 방학을 더 달라고 부탁하려

고 하는데."

"뭐하러?"

"다음 주 목요일에 우리 아빠가 생선 잔치를 열어. 물론 넌 차라리 수업하겠다고……"

존이 탁 소리를 내며 라틴어 문법책을 닫았다. "근데 왜 이러고 있어? 얼른 가서 캠벨 씨에게 부탁드리자."

캠벨 씨는 이렇게 빨리 수업을 쉬어도 될지 확신이 없었다. "너희는 놀려고 여기 온 게 아니다. 공부하려고 왔지."

"하지만 존은 한 번도 생선 잔치를 본 적이 없어요." 딕이 말했다.

"그걸 못 본다고 해서 뭐 그리 대단한 걸 놓치는 건 아니야."

"아빠의 옛 친구들도 거기 오실 거예요." 존이 말했다. "그분들이 저를 보고 싶어 하시지 않겠어요?" 존은 항상 무슨 하고 싶은 일이 있을 때 적절한 이유를 잘 생각해냈다.

캠벨 씨가 어쩔 수 없이 웃었다. "네 아버지는 네가 공부하기 원하시는걸."

그러나 두 소년은 공부를 열심히 했고, 캠벨 씨는 자신이 소년이었던 시절을 기억했다. "하루쯤 논다고 크게 손해 볼 건 없지." 마침내 그가 말했다. "너희가 보충만 제대로 한다면."

행여 그가 마음을 바꿀세라 소년들은 즉시 책으로 돌아갔다. 그 이후로 며칠 동안 존이 얼마나 열심히 공부했는지 존의 아버지가 보았더라면 분명 아들을 자랑스럽게 여겼을 것이다.

후릿그물 끌어올리기

마침내 화요일이 되었다. 소년들은 일찌감치 떠날 차비를 했다. "제시간에 가면 사람들이 후릿그물 끌어 올리는 걸 볼 수 있어."

후릿그물은 18미터 넓이에 15미터 길이였다. 윗부분은 코르크를 일렬로 주욱 달아서 물 위에 떠 있게 했다. 아랫부분에는 납을 달아서 물속에 잠기게 했다.

한쪽 끝은 물 가장자리의 말뚝에 고정시킨뒤 나머지는 보트에 실었다.

두 남자가 그 보트를 저어 강물로 갔다. 그들은 큰 원을 그리며 노를 저었다. 보트를 저어 가는 동안 또 다른 남자가 그 그물을 내렸다. 곧 그물은 물속에서 넓은 원을 그렸다.

흑인 소년 몇 명이 물속을 첨벙거리며 그물에서 조금 떨어진 강물로 헤엄을 쳐 왔다. 그들은 심하게 발장구를 쳤다. 그러면 물고기들이 그들을 피해 달아난다. 그렇게 헤엄을 치면서 물고기들을 몰아 그물 속으로 들어가게 만든다.

이제 보트가 강둑을 향해서 가기 시작했다. 마침내 해안에 닿았다. 그리고 남자들이 힘센 팔로 후릿그물을 끌어 올렸다. 그들은 양쪽 끝을 잡고 끌었다. 그 안에는 살아 있는 물고기가 가득했다. 그것들은 은빛으로 반짝반짝 빛났다.

"바람이 적당한 방향으로 불어." 딕이 말했다. "그러니까 오늘 물고기를 많이 잡을 수 있을 거야."

잔치와 놀이

이제 손님들이 도착하기 시작했다. 강둑을 따라 모닥불을 피우고 있었다. 각 모닥불 마다 흑인 요리사 두 명이 자리를 잡았다. 그들은 프라이팬과 돼지기름이 든 큰 그릇을 가지고 있었다. 다른 하인들은 생선을 씻었다. 그리고나서 그것을 요리사에게 주었다. 요리사들은 프라이팬에 생선을 넣었다. 곧 생선은 지글지글하며 갈색으로 익었다.

리차드 씨 집에서 옥수수빵을 담은 접시를 가져와 높이 쌓아 놓았다. 옥수수빵과 튀긴 생선을 손님들에게 나누어주었다.

존은 생선과 옥수수빵이 그렇게 맛있는 줄 처음 알았다. 얼마나 많이 먹었던지 자기도 놀랐다. 만찬이 끝나자 소년들도 어른들처럼 배가 불러 앉아서 쉬었다.

하지만 잠깐이었다. 남자들은 존이 한 번도 타보지 못한 말에 대해서 얘기했다. 그가 한 번도 보지 못한 개에 대해서 얘기했다. 마침내 그는 지루해서 다른 것을 하고 싶었다.

"저쪽에 말굽을 던져 놓은 걸 봤어." 그가 딕에게 말했다. "말뚝도 있고. 게임할까?"

딕도 찬성했다. 곧 그들은 게임에 빠졌다. 쨍그렁! 존의 말굽이 말뚝에 걸리며 소리를 냈다. 다른 청년들이 그

장대를 건드리지 않고 넘었다.

소리를 들었다. 그들은 와서 게임을 구경했다.

"저 마샬 소년 좀 봐." 한 사람이 웃었다. "팔이 다리만큼 길지 않아?"

존은 조준을 하면서 한쪽 발을 뒤로 내디뎠다. 그리고 팔을 앞으로 확 뻗으며 다리도 앞으로 뻗었다. 멋은 없었지만 게임에는 효과적이었다. 쨍그렁!

"또 말뚝에 걸렸어!" 한 젊은이가 소리쳤다.

"그리고 게임을 이겼죠." 딕이 말했다. "세 번째 계속 이기는 거예요. 저 말고 누구 다른 사람 한번 해 보세요."

"저렇게 다리가 기니, 높이 뛰기도 잘하겠는 걸." 다른 청년이 말했다. "높이 뛰기 시합을 하자."

그는 가볍고 긴 장대를 구해왔다. 다른 사람들이 높이 뛰기 하는 동안 두 소년이 장대를 살짝 들고 있었다. 그들은 먼저 낮게 들었다. 그러다가 점점 높이 들었다. 마침내 존만 빼고 모두 걸렸다.

"더 높여!" 그가 말했다.

소년들은 장대를 높였다. 존이 또다시 뛰어넘었다.

"저 소년 발에는 날개가 달렸나?" 누군가 말했다.

"더 높여!" 존이 말했다. 그는 무거운 부츠를 벗어 던졌다. 어머니는 그에게 양말을 뜨개질해주었다. 짙은 모직 양말에 발꿈치는 흰색이었다. 그가 높이 뛰기를 할 때 그 흰색 발꿈치가 햇빛에 은처럼 반짝였다.

역시 그는 장대를 넘었다. "야호! 실버힐!" 누군가 소리쳤다.

"더 높여." 존이 말했다.

존만큼 키가 큰 소년들이 이제 장대를 머리에 올렸다. 존은 뒤로 물러섰다. 그리고 달리기 시작했다. 그는 높이 뛰었다. 장대를 건드리지 않고 넘었다.

"실버 힐, 만세! 시골에서 온 소년 만세!"

다음 날, 공부에 집중하는 게 쉽지 않았다. "네 말이 맞아. 방학은 차라리 없는 게 나아." 딕이 신음소리를 냈다.

그러나 존은 생각을 바꿨다. "짧은 방학은 재밌어. 모든 일을 집중해서 하면 돼."

"하지만 짧은 방학과 긴 방학 중에 고르라고 하면 보나 마나 너도 긴 걸 고를 거야."

존이 웃었다. "나도 알아. 하지만 짧은 방학도 즐기자구."

"넌 뭐든지 즐기는구나." 딕이 한숨을 쉬었다.

존이 놀랐다. 그러더니 잠시 생각을 했다. "딕, 네 말이 맞는 것 같아. 왜 내가 여태 그걸 몰랐지?"

13
아버지 놀이

존은 다시 집으로 돌아왔다. 동생들은 그가 와서 기뻤다.

"와서 내 닭 좀 봐!" 메리가 소리쳤다.
"나 총 쏘는 것 봐!" 톰이 소리쳤다.
"내가 바느질한 것 좀 봐!" 쥬디스가 말했다.
"내가 책 읽는 거 들어봐." 윌리엄이 말했다.
"존, 돌아와서 기쁘구나." 어머니가 말했다.
"그동안에도 계속 자랐나 봐!" 해나가 소리쳤다.
"하지만 아직도 그 낡은 옷을 입고 있어." 메리가 한탄을 했다. "학교에 가 있는 동안 새 옷을 입어보기나 한 거야?"

"물론이지. 캠벨 씨가 억지로 입게 할 때마다. 하지만 난 여전히 이 옷이 좋아."

그는 톰과 함께 그렇게도 좋아했던 숲의 모든 곳을 가 보았다. 오랜만에 온 그 숲과는 영원히 작별을 해야 했 다. 마샬 가족은 또 이사를 하게 되었기 때문이다.

옛날의 작은 오두막이 너무 비좁았던 것처럼, 방이 네 개 있는 이곳도 비좁아졌다. 그 집에서만 아이들이 여섯 명 더 태어났다. 제임스, 쥬디스, 윌리엄, 찰스, 루시, 알렉산더. 그래서 이제 마샬 집에는 아이들이 열 명이 되 었다. 그러니 어머니는 더 큰 집이 필요했고, 아버지는 더 큰 농장이 필요했다.

오크힐에 있는 새집은 몇 킬로미터 밖에 떨어져 있지 않았다. 그것은 정부 청사에서 더 가까왔다. 아버지는 이 제 정부 청사에 빨리 다녀올 수 있었다.

새집에는 방이 일곱 개 있었다. 이제 이보다 더 큰 집 은 절대로 필요 없을 것이다! 소녀들은 그 집이 구역에서 제일 좋은 집이라고 확신했다. 그들은 집이 커서 좋아했다. 집은 아주 근사했는데, 특별히 더 근사한 것이 있었다. 유리로 된 창문이었다.

"그전 집에 있던 기름종이로 된 창문은 빛이 잘 안 들어왔어." 벳시가 말했다.

"하지만 이제 겨울에 추위를 막으려면 나무 덮개를 덮어야 해. 그러면 빛이 전혀 안 들어오지." 메리가 말했다.

"윌리엄스버그에 있는 주지사 저택에도 이보다 더 근사한 창문은 없을 거야." 쥬디스도 한마디 했다.

이층에 있는 방 중에 한 개는 다른 방들보다 더 컸다. "이 방은 공부방으로 사용할 거야." 어머니가 말했다. "그러면 해나와 내가 계속 너에게 방해하지 않아도 되고, 어린 동생들도 방해가 안 될 거다."

"이제 우리가 어머니를 방해하지 않을게요." 존이 농담했다. "아침 내내 우리가 귀찮지 않으셨어요?"

"아니. 전혀."

초조한 시간들

먼저 존은 공부방에서 많은 시간을 보내려고 계획했다.

몇 년 전 영국에서 블랙스톤 씨가 아주 뛰어난 법학책을 출판했다. 그리고 그 책이 미국에서도 출판되기를 원하는 사람들이 있었다. 그들은 책이 출판되는 대로 사겠다고 약속했다. 아버지도 그중 한 명이었고, 책이 나오자마자 샀다. 이제 존은 법을 공부할 수 있게 되었다.

그러나 식민지에서는 갖가지 일들이 일어났다. 1773년 보스턴에서는 식민지 주민들이 차에 매겨진 세금을 거부했다. 그들은 항의의 표시로 차를 항구의 바닷속에 쳐 넣었다. 국왕은 이에 대한 벌로 보스턴 항구를 봉쇄했다. 보스턴에는 아무 배도 드나들 수 없었다. 마침내 식민지 주민들은 연합해야겠다고 생각했다. 그들은 대표를 뽑아 1774년 최초의 대륙 의회에 파견했다.

톰이 정부 청사에 갔다가 그 소식을 가져오자 존은 기뻤다.

"뭐가 좋아?" 톰이 물었다.

"우리가 연합하게 되니까."

"그게 왜 중요한 거야?"

"우리가 연합하면 자유를 얻을 수 있어. 아버지가 늘 그렇게 말씀하셨어."

그러나 존과 아버지는 연합 이상의 무엇이 필요하다는 것을 알고 있었다. 국왕은 보스턴에 군대를 보냈다. 매사추세츠 주민들은 자체적으로 군대를 준비하고 있었다. 그 군인들을 "미닛맨"이라고 불렀다. 어느 때라도 즉시 싸울 준비가 되어 있어야 하기 때문이다. 마샬 가족은 버지니아도 준비되어 있어야 한다고 믿었다. 버지니아를 수호하려면 버지니아에도 미닛맨이 필요했다.

아버지는 과거에 군인이었다. 존은 아버지 밑에서 훈련을 받기 시작했다. 그것은 다시 말해 존이 공부방에서 시간을 많이 보낼 수 없다는 뜻이었다. 그는 상관없었다. 장시간에 걸친 군사훈련도 마다하지 않았다. 하지만 그는 전쟁을 하지 않아도 되기를 희망하며 기도했다.

산수 게임

이른 봄이 되자 아버지는 리치몬드에 갔다. 마지막으로 존이 동생들을 위하여 "아버지 놀이"를 했다.

존이 다시 집에 있으니 아이들이 좋아했다. 동생들은 공부방에서 공부하다가도 그가 들어오면 신이 났다. 그가 힘센 팔로 아기를 공중 높이 던지면, 아기가 좋아서 꺄르륵거렸다. 두 살 난 루이자를 어깨 위에 앉혀 목마를 태워 주었다. 그리고 숲 속에서 꽃을 따서 벳시의 무릎에 던져 주었다.

그는 찰스에게 산수를 어떻게 재미있게 공부하는지도 가르쳐 주었다. "내가 캠벨 씨 학교에서 배운 기술이야." 그가 말했다. "짝수를 한 개 생각해. 나한테 말하지는 말고."

찰스가 짝수를 한 개 생각했다.

"이제 두 배로 만들어. 소리 내지 말고."

찰스가 속으로 두 배로 만들었다.

"거기에 8을 더해."

"좋아."

"이제 둘로 나눠."

"좋아."

"이제 처음에 생각했던 짝수를 거기서 빼."

"뺐어."

"이제 얼마가 남았는지 내가 맞출게."

"내가 무슨 짝수를 생각했는지 모르는데 어떻게 맞춰?"

"그래도 난 알아. 4야."

"맞았어! 근데 어떻게 알았어?"

"내가 한번 해볼게." 제임스가 말했다. "내가 생각한 숫자는 못 맞출걸?"

그들은 처음부터 다시 했다. 이번에 존은 제임스에게 6을 더하라고 말했다. 제임스는 큰 숫자를 생각했었다. "틀림없이 이번에는 존이 못 맞출 거야." 그가 생각했다.

"답은 3이야." 존이 말했다.

제임스는 놀랐다. 존이 또 맞춘 것이다.

"어떻게 알았어?"

그들은 또 하고 또 했다. "이제 알았다." 마침내 메리가 말했다. "답은 존이 더하라고 준 숫자의 반이야."

"하지만 어떡해?" 제임스가 물었다.

"너 스스로 생각해 봐." 존이 웃었다.

"재밌는 장난인데? 내가 톰에게 써먹어야지." 찰스가 말했다.

아버지의 말이 무슨 뜻인가?

그렇게 아이들이 많은 집에서 아버지 놀이를 하기란 쉽지 않았다. 아버지는 떠나기 전에 몇 가지 규칙을 세워

놓았다. 아이들에게 각각 해야 할 일을 정해주었다.

"존은 농장 인부들을 관리해라." 그가 말했다. "벳시와 메리는 어머니가 베 짜고 실 잣는 것을 도와드려라. 톰은 말을 돌봐라. 제임스는 소를 돌보고, 쥬디스는 닭을 돌봐 줘." 어린 자녀들도 집 안팎에서 해야 할 일들이 있었다.

아버지가 말했을 때는 각자가 맡은 일이 분명하고도 간단하게 들렸다. 그러나 아버지가 떠난 뒤 아이들은 자기가 무슨 일을 해야 하는지 헷갈리는 것 같았다. 그럴 때면 그들은 존을 찾아왔다.

어느 날 오후 심한 폭풍이 몰아쳤다. 그래서 닭장 근처에 있는 나무에서 큰 가지가 부러져 날아가고, 그 바람에 닭장 문이 떨어져 나갔다. 쥬디스가 눈물을 흘렸다.

"만일 오늘 밤에 여우가 오면 닭을 모두 훔쳐갈 텐데. 오빠, 그러면 내가 아빠한테 야단을 맞을까? 하지만 바람 때문에 일어난 일이니 나도 어쩔 수가 없었어."

"물론 네 잘못이 아니야." 존이 말했다. "아버지도 이해하실 거야."

"내가 고쳐줄게." 제임스가 말했다. 그는 항상 망치와 못으로 일하는 것을 좋아했다.

"그래. 한번 해봐." 존이 말했다.

제임스는 거의 해가 질 때까지 일했다. "자, 다 됐어!" 이윽고 그가 말했다. "쥬디스, 내가 닭장 문을 고쳤으니까, 네가 가서 내 소를 데려와."

쥬디스는 옥수수자루로 인형을 만드느라 바빴다. "그건 날 위해서 해준 일이 아니야. 존이 하라고 했으니까 한 거지. 그리고 문이 떨어져 나간 건 내 잘못이 아니었어. 존도 그렇게 말했어. 네가 문 고쳐준 것 때문에 내가 갚아야 할 건 없어."

"오빠가 갚아야 해."

"아니야."

그들은 서로 다투었다. 마침내 그들은 존에게 가서 물어보기로 했다. 존이 막 자기 일을 마치고 법학책을 펴들었을 때였다. 이제 법을 조금 공부할 수 있으려니 했는데 아이들이 들어오자, 책을 내려놓았다.

"아빠가 나에게 닭을 돌보라고 하셨어." 쥬디스가 말을 꺼냈다. "그리고 난 그렇게 했어. 아버지는 제임스에게 소를 돌보라고 하셨어."

"난 오후 내내 쥬디스의 닭장 문을 고쳤어." 제임스가

아이들이 들어오자, 그는 책을 내려놓았다.

말했다. "이제 쥬디스가 나를 위해서 일을 해줘야 해."

"하지만 아빠가 오빠한테 시키셨잖아." 쥬디스도 지지 않았다.

"아빠는 나에게 책임을 지라고 하셨어. 반드시 내가 다 해야 된다는 뜻은 아니야."

그러자 둘이 동시에 물었다. "존, 아빠가 뭐라고 하신 거야?"

"글쎄." 존이 말했다. "내 생각은 이래. 나뭇가지가 닭장 문을 날려 버린 것은 네 잘못이 아니야, 쥬디스. 너도 어쩔 수 없었어. 하지만 아버지는 닭을 너에게 책임지라고 하셨어. 그건 다시 말해서 문을 고치기 위해서 네가 할 수 있는 최선을 다해야만 한다는 뜻이야. 제임스가 널 위해서 그걸 고쳐줬어. 그러니까 너도 그를 위해 무언가 해줘야 해."

"내가 뭐랬어?" 제임스가 의기양양하게 말했다.

"하지만 아버지는 쥬디스가 너무 어려서 혼자서 소를 데리러 숲 속에 갈 수 없다고 생각하셨어. 그래서 제임스에게 가라고 하신 거야. 제임스가 남에게 그걸 떠맡기라고 하지 않으셨어. 그러니까 제임스가 소를 데리러 가야 해."

"그럼 쥬디스가 나를 위해 무엇을 할 수 있지?"

"너희 둘이 알아서 결정해." 존이 말했다. "예를 들어 네가 갖고 싶어 했던 연을 쥬디스가 만들어 줄 수도 있고."

"아, 그거야!" 쥬디스가 말했다. "난 연 만드는 것 좋아해."

"좋은 생각이야." 제임스도 찬성했다. "누군가 연을 만들어줬으면 했어."

두 아이는 즐겁게 방에서 나갔다. 존은 다시 법학책을 집어 들었다. '아무 방해도 받지 않고 한 페이지라도 읽을 수 있을까?' 존이 생각했다.

읽을 수 없었다. 그가 열 줄이나 읽었을까? 그때 점심식사 종이 울렸다. 그러나 그것은 절대로 방해가 될 수 없었다. 그는 빙그레 웃으며 책을 내려놓았다.

"그렇다면 전쟁이야!"

아버지가 리치몬드에서 돌아왔다. 존은 아버지를 보자마자 무슨 큰일이 일어났음을 알아챘다. 아버지는 흥분하지도 않았다. 목소리를 높이지도 않았다. 그는 말을 하면서 방을 서성거리지도 않았다. 그러나 그의 눈빛을 보면 알 수 있었다.

어머니도 그것을 알아챘다. "전쟁이에요?" 어머니가 물었다.

"전쟁이에요." 아버지가 대답했다.

그는 리치몬드에서 있었던 회의에 대해서 말했다. 어떤 사람들은 더 기다리자고 했다. 어떤 사람들은 국왕의 요구에 순응하기를 원했다. 그들은 국왕의 부대가 얼마나 강력한지, 그리고 식민지 군대가 얼마나 미약한지를 강조했다.

그러자 패트릭 헨리가 연설했다. "다른 사람들은 어떻게 할지 나는 모릅니다. 그러나 나에게는 자유가 아니면 죽음입니다!" 그는 듣는 사람 모두의 마음을 사로잡았다.

"그렇다면 전쟁이에요." 아버지가 말을 맺었다.

어머니가 고개를 끄덕였다.

"존과 내가 없어도 당신이 꾸려갈 수 있겠어요?" 아버지가 물었다.

"그렇게 해야죠." 어머니가 차분히 말했다.

14
기나긴 하루

   이제 존은 전보다 더 열심히 훈련을 받았다. 다른 젊은이들도 훈련을 받아야겠다고 생각했다. 그들은 부대를 조직했다. 그들은 지휘관인 캡틴을 뽑고, 5월 중 어느 날 훈련을 시작하기로 했다.

그러기 바로 전날 밤 젊은 농부 한 사람이 말을 타고 숲속을 지나갔다. 그는 존에게 쪽지를 들고 왔다. 캡틴이 훈련장에 올 수 없다는 내용이었다. 존이 대신 지휘관이 되어줄 수 있겠느냐고 물었다.

그때는 일 년 중 몹시 바쁜 농사철이었고, 아버지는 집에 있는 말을 모두 농장에 사용했기 때문에 존이 타고 갈 말이 없었다.

"하지만 16킬로미터 밖에 안 되니까 걸어서 갈 수 있어. 벳시, 아침 일찍 나를 깨워줘."

벳시가 아침 일찍 깨워주겠다고 약속했다. 그리고 메리와 함께 존의 옷을 준비해 놓았다. 그냥 두면 존은 보나마나 허름한 작업복을 입고 갈 것이다.

벳시는 동이 트기 훨씬 전에 존을 깨웠다. 그는 여동생이 침대 옆에 놓아둔, 집에서 만든 파란 사냥 셔츠를 입었다. 집에서 만든, 파란색에 술이 달린 바지를 입었다. 둥글고 검은 모자를 집었다. 메리가 사슴 꼬리를 달아놓은 근사한 모자였다.

여동생들은 뜨거운 아침 식사를 준비해 놓았다. 그는 촛불 빛에 아침을 먹었다. 그리고 집을 나섰다.

그는 길고도 빠른 걸음으로 걸었다. 달이 사라졌다. 하늘에는 조금씩 창백한 빛이 비쳤다. 아, 존이 그 광경을 얼마나 사랑했는가! 그곳은 자신의 나라가 아닌가!

훈련

그가 도착하자 소년들이 기다리고 있었다. 그중 여러 명은 한 번도 훈련을 받아본 적이 없었다. 그들은 흥분해 있었다. 그러나 캡틴이 오기를 기다리다가 점점 참을성을 잃어버렸다. "캡틴은 왜 안 오는 거야? 언제 훈련을 시작하려고 그러지?"

존이 들판 끝에 있는 나무 둥치에 올라섰다. 그가 주의를 집중시켰다. 캡틴이 사정이 있어 나오지 못했다고 설명해 주었다. "더 나은 사람이 없어서 나에게 대신 나와 달라고 부탁을 받았다." 그가 말했다.

"더 나은 사람 필요 없습니다." 소년 중 한 명이 소리쳤다.

존이 빙긋 웃었다. 약간 긴장이 되었던 터에 그 말을 들으니 조금 안심이 되었다.

"여러분은 나와 동지들이다." 그가 계속 말했다. "우리 모두 나라를 수호하는 부름을 받았다. 이제 우리 무기를 꺼내 들고 어떻게 사용하는지 배울 때가 되었다. 이제 한 줄로 정렬! 먼저 내가 구호를 외치고, 그 구호에 맞춰 어

그리고 소년들도 화를 내지 않도록 잘 다스렸다.

떻게 행동해야 하는지 보여 주겠다. 내가 먼저 시범을 보인다. 그리고 나서 모두 따라 해라."

그는 첫 번째 구호를 외쳤다. 천천히 또박또박 말했다. 그리고 스스로 어떻게 하는지 시범을 보였다. 소년들은 잘 관찰했다. 그리고 훈련이 시작되었다.

어떤 소년들은 이해가 느렸다. 어떤 소년들은 행동이 서툴렀다. 그러나 존은 절대 화를 내지 않았다. 그리고 소년들도 화를 내지 않도록 잘 다스렸다.

마침내 모두 지쳤다. 존은 마지막 구호를 외쳤다. "해산!"

모두 그 구호를 이해하는 데는 조금도 어려움이 없었다.

"이제." 존이 말했다. "전쟁에 대해서 더 듣고 싶으면 내가 아버지에게서 들은 바를 알려 주겠다."

물론 소년들은 듣고 싶어 안달이 났다. 어떤 이들은 외떨어진 깊은 산골에서 왔다. 그들 중 많은 소년들이 평생 신문이라고는 본 적도 없었다.

그들은 콩코드 전투에 관한 소문을 들었었다. 다른 소년들은 그 전투가 렉싱턴이라고 말했다. 어쩌면 둘 다 맞는지도 모른다.

그들은 존의 아버지가 의원이란 걸 알았다. 그리고 그가 막 리치몬드에서 돌아왔다는 것도 알았다.

존은 어느 전투가 무엇인지 설명해주었다. 모두 그를

에워싸고 열성적으로 귀를 기울였다.

존이 빙그레 웃었다. "앉아서 편하게 듣지 그래?"

그들은 존을 둘러 바닥에 앉았다.

존은 난생 처음으로 사람들 앞에서 연설을 시작했다. 처음에는 약간 떨렸으나, 소년들이 너무나 열심히 들었고, 자신은 하고 싶은 얘기가 너무 많아 곧 떨리는 것도 잊어버렸다.

그는 패트릭 헨리의 연설에 대해서 말했다. 그는 콩코드와 렉싱턴에 대해서 말했다. 마지막으로 식민지들이 연합하기 시작한다고 말했다. 그리고 매사추세츠의 미닛맨에 대해서 말해주었다.

"조금만 더 있으면 우리도 미닛맨을 조직할 거다. 나도 참가할 거다. 너희들도 대부분 참가할 거로 생각한다."

오늘은 온종일 고된 훈련과 심각한 얘기를 했다. 존은 일할 때 재미가 있으면 더 잘할 수 있다는 것을 알았다. 그럴 때 정신도 더 선명해진다는 것을 알았다. 그는 소년들에게 말했다. "집에 돌아가기 전에 말굽 던지기 게임을 하자." 그가 제안했다.

소년들이 환호를 질렀다. 게임으로 일과를 끝낸다. 그

들은 말굽을 던졌다. 달리기 시합도 했다. 높이 뛰기도 했다.

하지만 그들 중 여러 명이 존처럼 먼 길을 돌아가야 했다. 이제 그들은 하나하나 집을 향해 떠나기 시작했다. 늦은 오후가 되자 들판은 텅텅 비었다.

마지막

존은 소년들 몇 명과 함께 걸어갔다. 그러다가 오크힐에서 길이 갈라졌다. 존은 거기서부터 집까지 혼자 걸었다.

해가 졌다. 숲에는 밤의 교향악이 시작되었다. 존은 가는 길을 잘 알고 있었다. 거의 눈앞이 보이지 않을 정도로 캄캄했으나 그는 빠르게 걸어갔다.

마침내 오크힐 언덕에 다다랐다. 유리로 된 창문에서 촛불 빛이 깜박거리는 것이 보였다.

'어쩌면 집에 돌아오는 것이 마지막일 수도 있어. 다음 달에는 어디에 가 있을까? 내년에는?' 잠시 그는 외롭고도 겁이 났다. 그러다가 다시 정신을 가다듬었다. '평생 집에서만 살 수는 없지.' 그가 생각했다. '해야 할

일이 있으면, 어떻게든 해야지. 그렇게 생각하니 간단하구나.'

 이제 어머니가 문간에 나왔다. 존은 어머니가 걱정하고 계셨다는 것을 알았다. "엄마, 저 돌아왔어요!" 그가 쾌활하게 말하며 언덕을 올라갔다.

15
대법관 마샬

   그리하여 존 마샬은 전쟁에 나갔다. 그는 브랜디와인과 저먼타운에서 싸웠다. 그는 벨리포지의 겨울에서 살아남았다. 그는 식민지가 자유를 얻을 때까지 워싱턴 장군과 함께 싸웠다. 그리고 나서 다시 법을 공부하기 시작했다.

몇 해가 지났다. 그는 변호사가 되었고, 국회의원이 되었고, 국무장관이 되었다. 1801년 드디어 그는 미합중

미국 독립전쟁 중 독립군은 벨리포지에서 겨울을 나는 동안 다수가 굶주림과 질병으로 죽고 사기를 잃은 채 절망적인 상황에 놓여 있었다.

국 대법관으로 임명을 받았다.

대법관 마샬은 어릴 적에 마샬 가족을 위해 아버지 놀이를 했었다. 그는 아버지가 어떤 규칙을 정해놓고 떠나셨는지를 판단하고 설명해주어야 했다.

이제 대법관이 된 그는 미합중국 헌법의 규칙들이 무엇을 뜻하는지를 설명해 주어야 한다. 그는 나라 전체를 위해서 아버지 놀이를 하는 것이다.

그것은 쉽지 않았다. 많은 사람들이 각각의 주가 원하는 대로 할 권리가 있다고 느꼈다.

"아닙니다." 존이 말했다. "각각의 주는 헌법 아래에 하나의 국가로 결속되어 있습니다. 국가는 주보다 더 강한 권력을 가져야 합니다."

그는 미합중국이 각 주가 나름대로 다스리는 분리된 나라가 되어서는 안 된다고 믿었다. 미국은 연합된 하나의 나라로 성장했다.

중요한 결정

1824년 3월 2일 워싱턴 시의 국회 의사당 지하 홀에는 군중들로 가득했다.

"모두 어디로 가는 겁니까?" 워싱턴 시를 처음 방문한 한 젊은이가 물었다.

"정부 청사로 갑니다. 오늘 증기선 소송 건이 판결 납니다." 서둘러 가고 있던 남자가 대답했다.

"아, 그렇군요!" 그 젊은이는 증기선 소송 건을 알고 있었다.

20년 전까지만 해도 사람들은 증기 동력으로 배를 바다에서 강으로, 항구에서 항구로 끌어올린다는 생각을 비웃어 넘겼다. 이제 로버트 풀턴과 로버트 리빙스턴이 증기선을 개발함으로써 그것이 가능하다는 사실을 증명했다.

그러나 각각의 주는 이렇게 말했다. "우리 강과 항구는 우리 것입니다. 우리는 어느 배가 들어올 수 있는지 없는지 선택할 수 있어요."

진정 그럴까? 만일 그렇지 않다면 미합중국 국회가 전국의 상업을 지배할 수 있는 법을 지정할 권력이 있을까? 헌법에서는 뭐라고 하는가?

이 문제가 판결이 나야 한다. 그 판결을 들으러 지금 사람들이 정부 청사에 몰려든 것이다.

"뉴욕은 주 정부에서 수여하는 특별한 허가 없이는 아무도 자유롭게 항구와 강으로 들어올 수 없다고 했습니다. 그리고 두 사람에게만 그 허가를 주었습니다. 그것은 불공평합니다. 다른 증기선 소유자들도 그 강과 항구를 사용할 수 있어야 합니다." 한 사람이 말했다.

"맞습니다." 옆에 섰던 사람이 말했다. "상업은 이제 복잡하게 얽혀 갑니다. 만일 대책을 세우지 않으면 증기선들이 주 사이를 자유롭게 왕래할 수가 없습니다. 각 주가 서로 다른 법을 주장하면 주에서 주로 여행하기도 어렵게 됩니다."

"만일 모든 증기선이 자유롭게 왕래할 수 있도록 나라에 있는 강과 항구를 모두 개방하면 여행하기가 더 쉬워지고 물건값이 내려갑니다."

"농부들은 농산물을 더 싼 값에 팔 수 있어요." 또 다른 사람이 덧붙였다. "공장 주인들도 마찬가지입니다. 그러면 모두에게 혜택이 돌아갑니다."

"이제 판사들이 들어옵니다. 저기 대법관 마샬이 있습니다!"

사람들이 모두 쳐다보았다.

존 마샬은 이제 거의 일흔 살이 되었다. 그는 여전히 키가 크고 젊은이처럼 등이 꼿꼿했다. 이제 그의 여동생들은 그의 옷을 염려할 필요가 없었다. 그가 항상 검은색 판사 가운을 입고 있었기 때문에 옷이 다 가려졌던 것이다.

재판정의 군중들이 잠잠해졌다. 마샬이 입을 열었다. "상업을 다스리는 권력은 주 정부에 속해있지 않습니다." 그가 말했다. "연방 정부에 있습니다."

대법관 마샬의 판결에 대한 소식이 전국에 퍼졌다. 뉴욕 항구에서 미시시피 강까지 전해졌다. 농부, 노동자, 배 주인, 여행자. 모두 초조하게 판결을 기다려왔다. 그들은 이렇게 판결이 나기를 희망했었다.

이제 그들 모두 마샬 대법관에게 환호를 보냈다. 그는 미국에서 가장 인기 있는 사람 중의 하나가 되었다.

여전히 변함없는 존

존은 이 모든 명예에도 불구하고 교만해지지 않았다. 그는 너무 바빠서 다른 사람들이 자신을 어떻게 생각하는지에 관심을 둘 새가 없었다.

"한번은 그가 마차를 타고 있었는데 말이죠." 한 사람이 말했다. "온종일 그와 함께 마차를 타고 가던 사람들이 그가 그렇게 유명한 사람인지 전혀 눈치채지 못했어요. 그는 금방 사람들과 친해졌고, 제일 불편한 자리에 앉아서 갔지요."

"그가 대법관이란 걸 알았어요?" 한 여자가 물었다.

"아니, 전혀 몰랐어요!" 그녀가 말했다. "제 여동생과 저는 그 이후 그를 "다른 사람들을 편안하게 해주는 사람"이라고 불렀어요."

그러나 존 마샬은 자신이 높은 지위에 있다는 것을 기억했던 때도 있었다.

어느 날 그가 친구와 함께 진흙 길에서 말을 타고 가고 있었다. 가는 도중 큰 진흙 웅덩이가 있었다. 그것을 껑충 뛰어 넘어가는 것은 불가능했다. 다른 사람들은 웅덩이를 둘러가려고 길옆에 있는 담장을 부수고 남의 땅을 가로질러 갔다.

그의 친구도 그렇게 하려고 했다. 그러나 마샬이 멈추게 했다. "법관은 반드시 법을 지켜야 해." 그가 말했다. "남의 땅에 허락 없이 들어가는 것은 불법이야."

그리고 진흙 웅덩이에 첨벙 들어갔다.

자유, 연합, 질서. 그리고 이런 것들을 지키려면 정의가 있어야 한다. 이것들은 마샬이 추구했던 가치였다.

그는 미합중국 헌법이 바로 그 가치관을 수호한다는 것을 알았다. 그는 헌법을 설명하고 그것을 강화하는 데에 전 생애를 바쳤다.

헌법이 살아 있는 한 미국 국민들은 명예로운 존 마샬을 기억할 것이다.

무슨 뜻일까요?

미스 메리 하인은 주인을 미스, 마스터라고 불렀다
워싱턴 대령 미국 초대 대통령이 된 조지 워싱턴
정착민 사람이 살지 않는 곳에 마을을 짓고 사는 개척지 주민
빈터 숲의 나무를 잘라내고 들판으로 만든 곳
물레 실 잣는 기구
훈제실 고기를 오래 보관하기 위해 연기에 그슬리는 곳
주기도문 신약 성경에 기록된 기도문
판재로 만든 집 나무를 얇고 길게 잘라 벽을 이은 집
인지조례 모든 중요한 서류에 세금을 매긴 우표를 붙여야했다.
집회소 예배당이면서 학교나 공공 회의 장소로 사용했다.
연락선 강 사이를 오가며 사람과 짐을 실어나르는 배
배럴통 120리터가 들어가는 큰 나무통
선창 물가에 다리처럼 만들어 배가 닿을 수 있게 한 곳
제임스 먼로 미국 제5대 대통령
실버힐 silver heel 은색 발꿈치
식민지 당시 아메리카는 영국의 식민지였다. 식민지는 독립국가와 달리 남의 나라 통치를 받는 지역이나 나라.

여러분, 기억하나요?

1. 존은 어릴 때 날마다 어떤 일을 하면서 자랐나?
2. 존의 아버지는 왜 간간이 집을 비우고 여행을 떠났나?
3. 존은 왜 집에서 "아버지 놀이"를 하였나?
4. 존은 왜 곰을 만났나? 그리고 곰을 만났을 때 어떻게 재치 있게 빠져나왔나?
5. 존과 여동생 벳시와 메리는 어떻게 읽기를 배웠나?
6. 마샬 가족은 새집으로 이사갈 때 어떻게 여행을 했나?
7. 존은 왜 자기 가족은 교회에 갈 필요가 없다고 생각했나? 그런데 왜 교회에 가고 싶었나?
8. 마샬 가정의 가훈은 무엇인가?
9. 존은 선거일에 어떻게 아버지를 도왔나?
10. 존은 왜 페어팩스 경을 만나는 것을 염려했나?
11. 존의 부모는 자녀들 공부를 위해 무엇을 해주었나?
12. 존은 라틴어를 배우기 위해 어떤 학교에 갔나?
13. 그 학교에서 어떤 별명을 얻었나? 왜 그 별명을 얻었나?
14. 후릿그물로 어떻게 물고기를 잡는가?
15. 마샬은 전쟁 후 대법관이 되기까지 어떤 임무를 맡았었나?
16. 마샬은 대법관으로서 어떤 가치를 추구하였나?

존 마샬이 살던 시절

1734 9월 23일 존 마샬이 버지니아 저먼타운에서 태어났다.

1772 아치볼드 캠벨 목사의 집에서 교육을 받았다.

1775 미국 독립전쟁이 시작되자, 존 마샬은 컬페퍼 민병대 소위로 임명받았다.

1779 해리 리 소령 밑에서 버지니아 경보병대 캡틴이 되었다.

1780 버지니아주 변호사가 되었다.

1789 버지니아주 대표 의원으로 선출되었다.

1783 독립전쟁이 끝났다. 메리 엠블러와 결혼하여 10명의 자녀를 낳았다.

1788 미국 헌법이 승인되었다.

1797 프랑스 외교관으로 파견됐으나, 프랑스의 뇌물을 거절함으로써 양국 관계가 악화되었다.

1799 미국 하원에 당선되었다.

1800 존 아담스 대통령이 그를 국무장관으로 지명했다.

1807 미국 대법원의 네 번째 대법관으로 임명받았다. 미국 역사상 가장 오래 복무한 대법관이 되었다.

1835 필라델피아에서 존 마샬이 세상을 떠났다.

마그나 카르타 대헌장 이야기 (제임스 도허티 지음)
존왕과 귀족들을 중심으로, 십자군 원정의 영웅 사자왕 리차드, 의적 로빈 훗과 그 일당. 의역과 악역이 따로 없으며, 승패의 예측을 불허하는 중세 유럽의 대서사시. 말로만 듣던 중세 유럽 봉건제도란 바로 이런 것이었다.

필그림의 나라(메이플라워호를 타고 온 사람들) (제임스 도허티 지음)
양심을 타협하기를 거부했던 사람들은 자유를 찾아 방랑하는 도망자가 된다. 온갖 역경 끝에 신세계의 황무지에 정착하자, 질병과 굶주림의 절반의 목숨을 앗아간다. 미국의 탄생 속에 숨겨진 가슴 뭉클한 실화.

아메리카 대장정 사상 최초의 북미대륙 횡단기 (제임스 도허티 지음)
역사상 최초로 북미대륙을 횡단한 루이스와 클락의 탐험이야기. 한계를 모르고 도전하는 인간의 모험심, 두려움을 거부하는 불굴의 용기, 역경을 정복하는 인간의 의지력. 미국 서부개척정신의 진수를 보여준다.

푸어 리차드 벤자민 프랭클린 이야기 (제임스 도허티 지음)
세상에서 가장 사랑받는 자서전의 주인공. 정직, 근면, 검약을 신조로 맨손에서 자수성가하는 아메리칸 드림의 원조. 가난한 인쇄공에서 국가 최고 지도자가 되고, 서민의 친구이자 혁명가였던 양키 중의 양키.

아브라함 링컨 (제임스 도허티 지음)
동양과 서양, 진보와 보수, 좌익과 우익, 남녀노소 모두에게서 사랑받고 존경받는 신화적인 인간. 신화 속에 가려진 인간 링컨의 방황과 갈등, 연민과 고뇌.

자유이야기 (찰 지음)
당신은 아는가 자유를 위해 치른 그 고귀한 희생을 실제 있었던 소설 같은 이야기. 목숨을 걸고 자유와 진리를 고수하려는 이름없는 사람들의 이야기. 이 책에서 우연히 일어나는 사건이라고는 찾아볼 수 없을 것이다.

잠언 생활동화 시리즈

위인들의 어린시절 시리즈

초등2년 이상. 계속 발행됩니다.

존 마샬: 판단력 있는 아이

발행일 2016년 1월 31일
지은이 헬렌 A. 몬셀 • 그림 시드 브라운 • 옮긴이 오소희
편집 이윤숙 • 디자인 안성현 알리사
발행인 리빙북 경기도 군포시 오금로 34 1504-380
이메일 livingbook.kr@daum.net
전화 070-7883-3393   팩스(도서주문) 031-943-1674
은행계좌 국민은행(예금주:리빙북) 639001-01-609599
출판등록 제399-2013-000031호.
책값은 뒤표지에 있습니다
© 1949 Helen A. Monsell
© 2015 Living Book
ISBN 978-89-92917-568 (74840)
       978-89-92917-537 (74840 set)

www.Livingbook.kr